사랑하다 **죽다**

정사(情死)의 정치학,

혹은 지독한 순정이나

아련한 절망의 형식

사랑하다 죽다

정사(情死)의 정치학,
혹은 지독한 순정이나
아련한 절망의 형식

인간사랑

사랑하다 죽다

정사(情死)의 정치학, 혹은 지독한 순정이나 아련한 절망의 형식

머리글

소설도 아닌데 제목이 좀 그렇다. 부제도 마찬가지다. '사랑하다 죽는' 일이 어디 책안에 담길 사단이려나. 눙치고 둘러대기도 어디까지 통할는지 모른다. 길면 긴대로, 짧으면 짧은 대로 타이틀이란 딱 떨어지지 않는 법인데 그래도 '정치학' 갖다 붙일 데가 따로 있지 어디 여기다? '모든 게 정치'라며 변명해대도 여전히 세상 안팎 폼 나는 일에나 눈 돌리는 고상한 공부 마당 한쪽에 어디 질척이고 끈끈한 얘깃거리랴.

그렇다 해도 세상 누구든 검은 동공瞳孔 크게 열릴 사연 있다면 그 앞뒬랑 찬찬히 들여다볼 일 아닐까. 하찮더라도 웃음의 내막은 물론 잠시 뒤 다시 슬퍼질 하늘 색깔도 눈가에 새겨둘 일이다. 게다가 지옥 근방 불행마저 피할 희망 티켓이 잠시나마 케케묵은 책갈피에서 냄새피울 가망 있으면 우린 그 주변에서 다소곳해질 필요가 있다. 정말이지 먹물들이 이뤄놓은 허구의 세계에라도 진솔하게 다가서야 했던 게 아닐까.

노래 한 꼭지에 마음이 열리고 가사 두 줄만으로도 눈물 일렁이는 세상이라면 '정치학'이야 어디 '트로트' 뒤엔들 못 붙일 일일까.(하기야 그런 책들도 이젠 얼마든지 모습 드러내는 세상이다.) 지라시도 진리의 메신저요, 믿을 만한 오리진이라면 이제 무겁게 찡그리고만 있을 일이 아니다. 목적을 이룬 것만으로 모자라 끝내 환희의 자락이 팔꿈치 데이도록 온몸 자지러지게 만드는 건 조금 전 방사放射의 순간 눈가에서 어른거린 불꽃놀이 때문이 아님도 진솔히 깨달을 일이다.

애당초 큰 거 붙잡고 승부를 가리려 덤빌 때부터 난조亂調는 예정되어 있었는지 모른다. 하기야 '정치학'이 워낙 힘이 달려 이제는 겨우겨우 존재하는 미립자마냥 헤매는 실정이고 보면 학문에 길을 묻고 책 속에서 답을 찾는다는 건 황당하기 그지없는 일이다. 마치 권력에라도 기대어 내일이면 여린 장미 봉오리 화들짝 피어나리라 꿈꾸는 것만큼이나 허망한 일이다.

공룡의 퇴화한 기관처럼 덩치 큰 육질만 자랑하는 이 공부가 그럼에도 세상 기여하는 바 뭔지 물고 늘어지자면 허구한 날 입으로만 매달리는 진정성 주변에 눈길은 다시 머문다. 이론이 현실을 이끌지 못하는 애처로움이야 잭팟jackpot 홀리는 도박 기기의 회전 속도만큼이나 느려터지고 안타깝지만 그나마 도서관에서 빛나는 책 껍질 에나멜이 홀로 의연한 까닭은 언젠가 세상이 꼭 그 모양으로 밝아질 것이란 기대를 자아내기 때문일 것이다.

누군가 땅을 파고 어디선가 정신없이 사랑이라도 하였길래 삶의 굴레는 그나마 덜 척박하였으리라. 그저 좋아 씨 뿌리고 타는 목마름으로 부둥켜 안은 채 목숨의 끈을 놓을 수 있었던 대지라면 이승은 저승보다 결국 향내 나는 지옥이었음에 틀림없을 터다. 진정성? 생각해 보라. 한 인간이 모두를 사로잡겠다고 허튼 화장化粧을 한 채 자행하는 온갖 구라가 목숨 거는 절절한 사랑보다 절박하겠는지를. 애당초 죽기를 작정하며 떠난 길은 아니었을망정, 가없는 이별과 막연한 내일이 죽기보다 싫어 차라리 내쳐 손붙잡고 이승 떠나는 작위作爲가 비루鄙陋한 '눈치보기'보다 어쩌자고 아름다운지 말이다.

그것도 급진적 판단의 결과요, 열렬한 자기 계몽이 부추긴 과실果實이라면 '혁명'은 도처에서 일어나고도 남을 일이었을 것이다. 한 인간의 처연한 목청 앞에서 고스란히 속아주던 민중의 속내와 하릴없는 기다림에 치 떠는 연인의 눈길이 같은 것이라고 단정할 근거는 우리에게 없다. 서로 다른 꼭짓점을 이어주는 직선들이 허망한 공간 곳곳에서 방황하고 있는 게 수리의 세계라 해도 인간의 무리 안에서 아름다운 표류와 이반이 기적처럼 되풀이될 것이라 기약하기란 일찌이 글러버린 일이었다.

단지 사랑한다는 이유만으론 부족하여 이제 당장 떠나야 하는 절박이 둘을 꽁꽁 묶어버릴 때, 공포의 오랏줄을 끊어버릴 핑계란 자유란 단어 말고도 미련 없는 헤어짐이 있었을 것이다. 행동으로 말해야 할 '사랑의 약조'보다 덧없을망정, 내일을 기약하는 감언甘言의 정치는 이미 제 자신만 챙길 줄 아는 간특한 놈이었으니까.

진정성이 늘 진리의 지름길은 아니겠으되, 그러나 살아가는 인간의 이유임을 말해주는 까닭은 세상 도처에서 시퍼렇게 재생산되고 있었다. 게다가 믿지 못할 이승에서 믿어야 할 저 먼 저승세계를 시나브로 재축한 핑계였다. 하여, 사람들 사이에서 지극하고 순수한 정념을 솟구치게 만드는 의식의 원천을 우리는 어언於焉 '사랑'이라 부르고 있었다.

뿐만 아니라 '사랑'을 느끼고 지탱하며 때로 '불완전한 완전'이나마 착각하게 만드는 마음의 상태를 '끔찍함'이라 이름 짓는다. 그 또한 형체도 냄새도 없이 바스러질지 모를 메마른 이파리처럼 기억의 겨울나무 끝동에 매달려 있는 이치마저 천연스레 덧대고 잘도 꾸며들 댔다.

현실정치가 저 사랑의 경지를 흉내라도 내기란 어림없었다. 하물며 현실권력 또한 자기 믿어준 이들을 위해 단 일초라도 스스로 저버릴 마음일랑 있었던 걸까. 그랬다면 차라리 비장했겠지. 그 앞에서 모두는 옷깃 여밀 수도 있었겠지. 아주 잠깐이라도.

'사랑'과 '정치'를 나란히 견주어 보려는 게 애당초 억지일 것이다. 어디 그뿐이랴. 반어법도 감상주의의 편리이나마 빌리려 들자면 논리는 물론 의미 차용借用의 염치 정도는 갖춰야 하는 게 정한 이치리라. 이런저런 걸림돌 다 무릅쓰려 들어도 설명의 단위는 처음부터 적잖다. '둘'이서 치르는 일상의 정치를 제아무리 애써 '사랑'으로 이해한다 해도 '정치' 그 자체에 관한 기왕의 인식과 거기 담긴 총체론 아니면 전체론holism의 늪을 무슨 수로 뛰어넘을는지는 아무튼 문제다.

그러나 '둘'을 하릴없이 견주거나 좌판 늘어놓듯 펼쳐 막연히 뭘 어쩌자는 건 아니다. 턱없고 부질없기로 둘은 같을는지 모른다. 하지만 '권력'의 허무맹랑함을 교정하고 스스로 돌아보도록 건설적으로 부추기기론 적어도 '사랑'밖에 뭐가 더 있으랴. 주체가 한둘이 아니요, 행위의 처소가 무한정 펼쳐진다는 점에서 국가의 구성분이나 연인의 육신이란 것이 만만한 수치는 아닐 것이리라. 그러나 그럼에도 불구하고 '전체'의 모범은 '개체'에서 비롯되고 있었던 터다.

바다가 실개천에서, 아니 이파리 방울방울 맺힌 이슬 덩어리에서 비롯되고 있었노라면 산맥의 위대함 또한 어찌 먼지의 덧없음으로부터 출발하지 않을까. 작은 걸 뚫어져라 들여다보면 큰 게 보이는 이치까지야 여기서 더는 따지지 말 일이다. '밖'에서 보이는 '안'이 더 영롱하다는 얘기도 자꾸 되풀이하진 말자.

단지 사랑하므로 한날한시 죽어야 한다거나 같이 살 수 없다는 이유 하나만으로 어느 한쪽 서둘러 떠나야 할 연고緣故까지 모조리 용서하자면 '치열熾熱함'의 내막은 정녕 정치의 텍스트가 된다. 처음부터 끝까지 자줏빛 마음 한결 같았고 스스로 목숨 끊은 후에도 '다르지 않으리'란 각오는 살아남은 이들 곁에 먹먹히 다가온다.

어찌하면 그들처럼 살 수 있을지는 '문제'의 본질이 아니다. 도무지 왜 그리 떠날 것이며 무슨 마음으로 함초롬 손 붙잡은 채 뜻과 행동을 예술처럼 단호히, 그리고 평행으로 그었는지 애련哀憐의 소재를 더듬지도 기이해하지도 말 일이다. 결과보다야 원인의 인문학적 추궁이 새삼 그립다. 거기다 사회과학이 미처 들여다보지 못했던 지난 삶의 세밀한 구석이 오늘 우리에게 주는 절절한 감동과 정신의 순수를 되새기도록 '레이아웃' 이나마 고결히 박제해 볼 일이리라.

만나지 않았더라면 죽을 일도 없었으리란 후회일랑 행여 시늉도 말 일이다. 혹은 가없는 사랑의 흔적 아니면 '무너져내린' 사랑탑 뒤의 기억의 견책보다 그냥 이대로 '이슬처럼' 사라지자며 눈빛 맞췄을 작심作心의 처연함에 후대後代의 초점이나마 맞춰보자. 그렇게 슬프도록 '저질러버려야 했던' 극한 연정戀情의 소소한 계기나 서로 아련해하며 전율하였을 순간에 집착하거나 치 떠는 일은 정말이지 관두자.

중요한 건 '번민' 그 자체가 아니란 점. '결심'도 '실행' 앞에선 무의미하며 '착잡'과 '방황'도 정작 죽음의 순간 나부끼는 붉은 장미 선홍빛보다야 묽으리란 것. 저들의 삶에서 이심二心은 존재하지 않으며, 몸으론 갈라질망정 혼과 영이 제각각 널뛰고 춤춘 적은 죽기 전날 이르도록 한 순간도 없었다는 사실. 그 유난스러움에 밑줄 그어야 하며 합일과 교접의 무한 동결(혹은 연장)에 박수 보내야 할 까닭도 이제 찬찬히 따질 일이다.

누군가와 사랑하다 함께 죽는 '것'보다 하루라도 더 죽도록 사랑하는 '삶'이 먼저라는 공주영상대 정재복鄭在復 교수의 믿음은 얼음 꽃처럼 예서 빛난다. 죽어서도 큰소리치려면 사는 날까지 열심히 연습해야 한다는 그분의 자세와 살다가 면도날 위 달릴 일 생겨도 '너무 놀라지 마라'는 주문은 그저 놀랍다. 살인적인 성실성이 매력의 무게를 한결 더하는 까닭이다. 글쓰기를 이끈 2만 볼트 동력은 바로 그 무게감이다.

'사랑도 정치'라지만 사랑이 정치보다 왜 아름다운지, 죽는 날까지 사랑밖에 더 할 일 없는 동물의 이름은 왜 '사람'인지 들고 파보자.

2012. 1

無心川邊에서 지은이 **박 종 성** 씀

C O N T E N T S

| 차례 |

| 표 차례 |

| 그림 차례 |

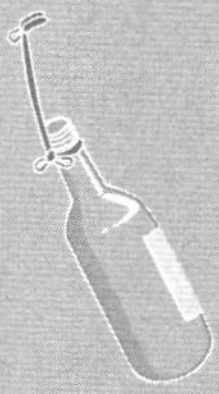

녹아내려,

원하는 것은(어쩌면 유일하게 가능한 것은) 그(그녀)를 손아귀에 넣는 것이 아니라, 제 것으로 만드는 것이 아니라, 그저, 접근. 그에게로 흘러가는 것이다.

사랑하다 죽다

01_

연애, 그 막막寞寞한 정치 : 그리고 자살의 인문학

소유의 욕망과 채워지지 않는 갈증으로 사랑을 시작했다면 헤쳐갈 길이야 사랑에게 물을 일이 아닐 터였다. 기갈飢渴, 그 자체야 무슨 죄가 있으랴. 그걸 자각하는 몸이 먼저 문제요, 계속 누르지 못하는 마음이 그 다음이었을 것이다. 그렇다고 자기 제압과 해탈의 형이상학으로 말꼬리 돌릴 일도 아니라면, 사랑을 사랑으로 보고 사랑으로 뛰어넘다 사랑으로 죽이는 저 가혹한 노동에 천착할 일이다.

연애,
그 막막寞寞한 정치 : 그리고 자살의 인문학

'연애'가 '정치'라고? 왜 아니 그럴까? '관계'의 지탱과 확장 혹은 단절과 소멸까지 말하며 굳이 깐깐하게 굴지 않더라도 사람이 사람 기다리며 간절해하는 '그 일'이 바로 '다스림'의 정치 아니라고 잡아뗄 도리가 있을까. 애틋하고 때로 섭섭하며 얘기 자체가 전혀 허무맹랑한 전말로 사람 아득하게 만드는 그건 애당초 숨 막히도록 압도당하거나 죽도록 지배하고도 남을 어느 일방의 지극함으로부터 출발한다. 그러다 상대 또한 진저리치면서 엎어지고 같이 부대끼거나 가없이 허우적대는 상호 구속이 그 일 아니던가.

속박은 의심을 낳고 의심이 무한소유의 또 다른 충동과 본능을 자극하는 사이, 자기만의 손해는 없는지 되돌아볼 즈음 예전만큼 기운은 달릴지 몰라도 '사랑의 정치'는 여전히 넘쳐나는 힘의 세계를 서로에게 자랑한다. 게다가 되돌릴 수 없는 영향력의 보고寶庫 하나 믿고 관성의 법칙처럼 작동하기도 한다. 연애하는 인간관계에서 사랑이 권력이라면, 지탱이나 단절 아니면 세상이 정한 결합의 틀로 들어'갈지 말지'는 정치적 목적지로 기능한다.

그래서 그 같은 상황에 몰입하는 일은 관계의 환상(전도) 아니면 의도치 않았던 착각처럼 희한한 조건 안으로 '들어섬'을 뜻한다. 또한 언제 끝날지 모를 감각의 종점을 향해 대책 없이 자신을 내던지는 무방비 행위로도 치환된다. 좋아도 너무 좋아 환시幻視·환청幻聽·환감幻感에 미리부터 아련해지거나 아님, 미워도 하도 미워 환희 속 절망 또한 저절로 키우는 즐거운 고통에 기꺼이 나섬도 말리지 못할 일이다.

이처럼 감정의 극치와 육체의 변화마저 진지하게 감지하는 행위는 그 자체로 열중의 대상일 뿐 아니라 언제든 스스로의 소진 가능성마저 충분히 머금는 위중한 일이다. 여기서 '위중'이라 함은 온전한 자발성에 따른 비경제적·비합리적 선택의 결과나 그에 뒤따르는 온갖 비용의 일방성을 전제하는 개념이다. 그러니까 누가 시켰길래 좋아하는 '그'도 아니요, 당장 사랑을 느껴주지 않으면 누군가 죽어버릴지도 모를 일이겠기에 끔찍하게 마음으로 품는 '그녀'도 아니란 점에서 맹목과 자발의 지독함은 온갖 정신적 상처나 육체적 불편함마저 무릅쓰게 만든다.

사랑이 연애를 지탱하는 권력자원Power Resource이란 사실은 어떤 비용을 치른들 상관없다는 자기 고백이자 사후 승인이다. 뿐만 아니라 모든 걸 맞바꿔도 무방하다는 심정적 여운마저 불사한다. 구태여 그 같은 승인절차를 요구할 수야 없겠지만 이는 곧 언제라도 보여줄 공개적 단호함 역시 전제한다. 그것이 누구든, 언제든 흐르고 넘치는 자신의 진정성만큼 크고 절실하기만 하다면야 드러내지 못할 정념과 연정의 한계라는 게 어찌 가능키나 하겠는가.

하물며 사랑이 죽음으로 연결되는 길이자 그 애절한 표현수단이며 원인의 전부가 될 수 있다는 경지에 이르러서랴. '죽을 만큼' 좋아하는 정도가 아니라 기꺼이 '죽어도 좋'은 님 하나로 모든 걸 설명하려는 사랑의 정치는 때로 자기 '마모성磨耗性'을 지나 완전 파괴와 극한 현시의 도구로 빛을 발한다.(물론 사랑으로 죽는 자가 남의 눈 의식하여 굳이 누군가 여보란 듯 광光치려 그 일을 저지르지야 않겠지만 말이다)

'죽음'이란 이 경우 이미 그걸 각오한 당사자에게 위험수위를 넘어선다. 그 자체가 목적이며 수단이자 존재의 소멸만으로 오롯이 자기완결성을 지니는 경우도 흔치는 않을 것이리라.

세상이 온갖 비난과 지탄으로 도배를 해도 그것이 이기와 탐욕의 그늘을 맴돌지만은 않는 건 죽음의 형식을 떠나 그 내용에 담기는 정치적 파격성 때문이다. 죽은 자는 말이 없건만 그들을 재촉해댄 좌절과 절망하며 가없이 치솟는 순수와 지나친 판단의 끝자락이 이승의 살아남은 자들 주변에서 속절없이 펄럭일 때 누군들 되돌아보지 않을 재간은 없다.

우리말 사전의 적잖은 정의들을 합쳐보자면야 '연애'에도 시효가 엄연하며 기간 또한 선명한 듯하다. 그 일은 그러니까 인생 전체에서 아주 잠시일 뿐이며 시작이 있으면 끝도 반드시 선명한 양 인식된다. 비록 가시적 물성物性이나 즉발적으로 연상 가능한 오브제는 아니라 해도 연애는 그렇다면 '아무나' '누구하고나' '아무 때나' 누릴 개념은 아니란 생각이 일반적이다.

압축해 보면 연애란 '인간의 육체적 기초 위에 꽃피는 남녀간 자연스런 애정의 교류'이거나 혹은 '남녀가 서로 애틋하게 그리워하고 사랑함'쯤으로 묘사된다. 게다가 결혼만 하면 연애는 불가능하다고 보는 게 관례다. 어떻게 만났든 연애란 두 자연인

남녀가 '사랑으로' 뜨겁게 달궈져 맺어질 때까지만 가능한 일일 뿐 가정을 이루고도 배우자와 연애감정을 지탱하거나 향유하려 함은 그 자체만으로도 무리란 발상이 주류를 이룬다. 아니, 그러고도 그 상태를 누리려 '듦'은 정신적 일탈 아니면 사랑을 핑계 삼은 욕정의 해소나 배반쯤으로 연결하려는 게 현실이다.

불륜이나 은밀한 만남, 아니면 축복받지 못할 관계까지 연상시키는 '연애'에 관한 인습적 편견은 개념의 외연치고 일상적으로 감당하기 버거울 정도다. 뿐만 아니라 연애가 역사의 일상 개념이거나 적어도 사회사적 보편성을 지니지 않고 일정 시기에 이르러 특화 · 발아한 이종異種의 문화인 양 인식하려는 자세도 꽤 흔하다.[1] 그 같은 인식세계나 적어도 인습의 이해 틀을 부셔보자는 생각은 그 자체만으로도 의아했을 터였다.

그러나 과연 그럴까. 한번 붙박인 생각은 늘 그렇게 부여잡고만 있어야 할까. 이렇게 생각해 보는 건 어떨까. 연애란 언젠가 잦아드는 불꽃이나 사라지는 연기가 아니라는 것. 죽는 날까지 이어질 생각의 텃밭이자 애초의 뜨거움이 퍼져나간 어쩌면 의식의 자기장磁氣場 같은 것. 보이지 않아도 '있고' 잡히지 않아도 잡을 수 있는 무정형 · 비정형의 가연성 유체流體 같은 것. 태워도 더는 타지 않으며 꺼져도 다 꺼지진 않는 것. 상처이자 자극이며 흔적이자 멍울 같은 것. 튀어나왔으면 튀어나온 대로, 꺼졌으면 꺼진 채로 그냥 이어지는 정다운 흉터 같은 것.

수많은 형용사와 비유를 허락한다 한들, 연애는 곧 '지탱하는' 마음의 상태State of Mind일 뿐 과거완료와 미래완료로도 꾸미지 못할 무한시제의 모순으로 넘쳐난다. 그렇다면 어느 한 시기에 누군가가 어느 누굴 미치도록 좋아하다 삭아드는 독특한 정서쯤으로 연애를 이해하려 드는 건 무리가 아니겠는가 말이다. 인식의 전환이란 것이 결국 누군가의 무리수로부터 출발한다고 보면 개념의 전복과 연장도 미리 두려워할 일은 아니다.

연애 개념에서 시효의 족쇄를 풀어야 할 까닭은 사랑이 결코 언어로는 묘파描破할 수 없는 탄탄한 지속력을 지니기 때문이다. 게다가 '죽는 날까지' 같은 표현의 '낯간지러움'이 일상 언어와는 다른 허구적 과장을 재촉하거나 설령 그보다 훨씬 작은 의미로 희화화된다 해도 '사랑'은 지금도 누군가의 가슴을 치대고 있거나 죽음을 재촉하는 동력일지도 모르기 때문일 것이다. 연애가 뜨거운 시절에만 통하는 전류 같은 메시지라면 정념의 극치를 견디지 못하여 죽어버리는 애절함도 그처럼 한창 때 치러야 할 예외적 의례儀禮는 아니었을까. 좋아서 '죽을 정도'라면 정녕 좋아한다는 이유만으로 죽을 시점이란 정'겹고' '아득하며' '절실하'기 때문에라도 그때 그 당시여야 하지 않겠는가 말이다.

그렇다고 책의 목적을 연애 개념의 시효 변경과 소멸에 관한 새로운 이론 '세움'으로 맞추려는 건 아니다. 그보다 시 · 공간을 뛰어넘는 사랑의 크기는 물론, 죽음을 결심하고 이내 실천에 옮길 당사자들의 용단과 그 '절멸絶滅의 정치학'이 무엇을 말하고 있는지 살피려는 것이다. 그것이 설령 과학적 데이터나 철저한 인과론으로 뒤쫓을 대상은 아닐지언정, 엄연한 역사로 실존한 '주검'과 이를 견인한 죽음의 불꽃을 더듬으려 들 때 적어도 '관계'의 진지함이 주는 메시지와 합일적 소통의 모범을 찾을 수 있으리라 기대하는 것이다.

- 예나 지금이나 대관절 사랑하다 '죽는' 까닭은 뭘까.
- 글 몇 줄로 어디 그들의 '애잔'을 표현할 것이며 따져 나눠볼 일일까마는 생각해 보자. 볕든 날 추녀 밑에서 함초롬 잠시 피어나다 때 되면 저무는 나팔꽃 같은 게 연애라면, 흐르고 넘치도록 쌓인 이른바 저 정사情死의 사연들일랑 정녕 어디다 묻고 또 꺼내볼 일이겠는가.
- 그것도 한평생 같이 살 부비고 문대다 하염없이 솟구치는 미련과 아련한 정념에 겨워 주름진 얼굴로도 흔쾌히 도맬 일 있

었다면 그 '정치적' 변명은 어디까지 가능한 걸까. 하물며 맺지도 못하고 이루지도 못한 정념의 가없는 상실감하며 한恨으로도 표현 못 할 풋내 나는 연정까지랴.

• 그건 곧 사귀고 만났던 시간에 비례할 사연의 기록들을 생색내며 남기려는 몸부림이나 고의적 호소도 아니요, 알아주지 않는 시대와 세상을 향한 투정도 아니었다는 데 주목할 일이다. 사랑 앞에서 '과잉 단순화'는 또 하나의 결례이자 무례일 것이다. 그러나 사랑하다 '죽음'은 넘쳐나는 정치이자 극한의 (원색적) 욕망으로 넘실댄다.

• 하여, '그들'은 죽었지만 죽은 게 아니다. 살아서 절망하던 현실을 이륙하는 순간 범인은 해내지 못할 초연의 꿈을 당겨 성사시킨 관계의 '화석'들로 엄존한다. 때문에 인간과 인간 사이에서 진정 소중한 게 무엇인지, 그건 왜 사랑일 수밖에 없는지 소리 소문 없이 입증하는 중이다.

• 정사가 지니는 정치적 효과는 사랑이 지니는 초월적 이타성 Altruism뿐 아니라 그것을 다시 한 번 넘어서는 기이한 자기 부정의 힘, 즉 자기 파괴력이 서로 균형을 이룰 때 팽팽하게 고조된다. 아울러 그것이 좀체 용이한 학습이나 모방으로 반복되긴 힘겹다는 점에서 그에 담긴 모종의 신비주의도 전격 배

제할 수 없다.

그것은 시대를 향한 정면대항이자 인정받지 못한 사랑에 관한 극단의 도발이었을 것이다. 그러나 도무지 '무엇'을 '정사'라 하는지 명료한 규정이나 논리적 헤아림조차 없이 자꾸 이를 기정화하거나 반복하는 일도 보는 입장에선 고역일 터다. 게다가 '정사'에도 여러 유형이 있어 과잉 단순화할 수 없는 관계의 복잡성을 어찌 감안하지 않을 수 있겠는가.

이 같은 작업도 차차 치러야 하겠으나 당장 떠올릴 일일랑은 사라져간 이들의 내력일 것이다. 오죽하면 같이 죽겠으며, 이내 뒤 따라갔겠고, 그리도 급하게 끊어버릴 목숨이었겠는가? 그것은 관계의 유형이나 각자의 절박한 사연들을 떠나 '죽음' 자체에 깊이 스며든 부자연성unnaturalness, 비자발적 자발성[2]unintended spontaneity, 정치적 도발성political provocation, 비언어적 절규non-verbal scream의 속성들만으로도 설명이 충분하다.

애정행위의 시효를 떠나 그 행위의 주체가 '아무'일 수 없듯 죽음을 단행하는 일도 '누구'에게나 열려 있진 않다. 그래서 정사는 각별한 의미를 지닌다. 누구나 할 수 없는 '사랑'과 아무나 치를 수 없는 '죽음'의 관계는 곧 정치적 색채로 넘쳐난다. 왜

냐하면 그 '둘'의 사이야말로 의도치 않은 원인이자 결과로 극적인 연계성을 지니기 때문이다. 죽기 위해 만난 건 아니겠으되, 만남의 의미가 퇴색함으로써 더 이상 '그처럼' 존재할 필요를 느끼지 못할 때 존재의 궁극성을 초극하기 위한 돌파구로 스스로 죽음을 택하는 일은 그것만으로도 이미 절절한, 그리고 비장한 (정치적) 목적성을 지니기 때문이다.

기어이 '사랑'을 '이루기 위해' '이루지 못한' 과거를 분연奮然히 딛고 서는 철저한 자기 부정self negation. 하지만 이처럼 죽어서라도 끝내 사랑의 연緣을 잇거나 혹은 그 좌절을 느끼며 죽음을 다짐하려는 논리적 모순은 당사자들에게는 어쩔 수 없는 정치적 인과관계를 이룬다. 따지고 보면 사랑을 느끼고 그 관계를 지탱하는 두 인간 사이만큼 정치적으로 온전한 합일을 반영하는 경우도 드물 것이다. 기실 정치적 관계야 늘려 잡자면 개인과 국가요, 좁혀 보자면 연정을 느끼는 사랑의 단위들 사이 아니겠는가.[3]

그러나 그 관계의 '끊음'이 결코 정치적 목적의 전부가 아니라 되레 영원성으로 서로를 묶기 위해 이승의 삶을 정리해야 한다는 자기모순에 빠지는 일도 곧 '살기 위해 죽고' '죽어서 사는' 양론兩論의 꽃내음 사이를 선연鮮然히 왕래한다. 사랑은 그만큼 저항적 속성으로 출렁인다. 하나 안에 둘을 품고 둘 사이에 끝도 없는 모순의 고리를 품어 융해와 대척의 꼭짓점들을 수도 없이 만들며 삭이는 것이다. 그것들은 마치 '물리'의 세계에서 빈발하는 '완전탄성'과 '불완전탄성'의 충돌세계를 상정 · 전제한다.

맞부딪쳐도 당장 깨지지 않으며, 비껴 부딪쳐도 한껏 도타운 불꽃 파편을 자랑하는 정념의 기운일랑 무정형amorphous의 '느낌'이자 '기류'로 연정의 단위들 사이를 하염없이 떠다닌다. 그런가 하면 저절로 되튕기거나 비껴 흡수하지 않고 맞부딪치면 끝나버리고, 한번 어긋나면 기어이 (그리고 한사코) 사라지는 '바람'처럼 사랑은 지독히도 가변적이다. 그리하여 '믿을 수 있다'가도 결코 믿지 못하며 '보이지 않다'가도 이내 '보이는' 변덕의 화신처럼 모두의 곁을 맴돈다. 증기인지 연기인지 모를 가연可燃의 매체처럼.

그러다 끝내 스스로 사라지는 어느 한쪽의, 아니 둘 모두의 '죽음'을 세상은 언제부턴가 '정사'라 부르고 있었다. 따지고 보면 가혹한 자살이요, 누구도 등 떠밀지 않은 가련可憐의 결행이었으나 저들의 숱한 죽음은 무엇보다 '시대'와 '인습'에 대한 저항이었다. 게다가 상식의 파괴로 엄혹히 기억되고 있다. 구태여 떠난 '님들' 바로 쳐다보며 해낼 일들이야 아니겠으나 사라짐의 계기는 어디까지나 '타살'이 아니란 점에서 죽음의 의도성에 담기는 의미는 자체만으로도 존중해야 일이다.

세상 어떤 '주검'인들 허투루 보낼 것이며 함부로 논할 대상이겠는가마는 '저들'의 행위는 크게 세 유형으로 나뉜다. 1) 선행先行과 2) 동반, 그리고 3) 추종의 예가 그것이다. 바꿔 말해 정사의 패턴은 '먼저' 죽거나 '같이' 가거나 '뒤따라' 사라지는 모습을 취하되 각기 그에 걸맞는 시차의 정치성을 지닌다. 사랑을 앞에 두고 존재론적 고뇌에 시달릴 때 자신의 자취를 스스로 거둘 일이라면 '언제' 그 일을 단행할 것인지는 그러니까 중요한 문제가 된다. 그것은 그 나름의 분명한 자기 목적과 치열한 자기 변명을 골자로 삼기 때문이다. 게다가 견디기 힘든 치열한 고통과 북받치는 연민에 겨워 단행하는 자기 부정의 행위는 그야말로 아무나 할 일이 아닐 것이다. 자신의 자신을 향한 다스림의 극치인 정치적 과업으로 말이다.

'만남'과 '이별'을 반복하되 각자의 지리적 · 물리적 대척점 사이에서 서로를 연모하며 영과 육을 갉는 일이 사랑의 대강이라 해도 죽거나 사라지자고 결심하는 일은 여간한 작정이 아니고선 불가능하다. 특히 언제 '갈 것인지'를 둘러싼 (자기) 고뇌의 관리란 위에서 말한 단지 세 유형만으로 명쾌하게 연결할 일도 아닐 것이다. 언제부터라고 말할 재간도 없이 이는 역사 속에서 '출현-반복-변형'된 숱한 경우의 수를 놓고 단지 건조하게 나눠본 이념형에 지나지 않기 때문이다.

같이 갈까 때로는 망설이다 자기 먼저 떠나는 경우도 있고, 온갖 두려움과 번뇌의 계산을 마친 채 두 손 부여잡고 이내 훌륭히 같이 가는 사연도 허다하며, 어쩌자고 먼저 사라졌는지 원망과 회한으로 먼저 간 자 쥐어뜯으며 내쳐 홀연히 뒤따르는 사례도 감안해야 하리라는 것일 뿐, 각자의 사연들이 절연히clear-cut 갈라지고 딱 부러지게 나뉘는 건 결코 아니다. 차라리 위의 세 유형은 얽히고설켜 '언제 가도' '갈 사람들'이 '남는 자들'에게 보인 정치적 항변의 서로 다른 격렬한 표현으로 읽을 일은 아닐까. 그건 되레 서로 맞붙거나 뗄 수 없는 번뇌로 본시 하나일 수밖에 없는 연정의 또 다른 복잡한 표현양식에 지나지 않았던 건 아닐까.

'아마도' 망설임이 핑계였을 것이다. 같이 가든 따라가든 중요한 건 '가겠다'는 의지일 터였다. 그리고 그 뜻 끝내 펼칠 때 세상 향해 퍼져나가는 자기의 기운, 순간이나마 장쾌하였을 것이다. 그리하여 죽음의 비장함보다 드디어 홀가분하고 자유롭다는 극한의 이기심 때문에라도 조금은 두렵고 행복한 부담으로 떨렸을 것이리라. 같이 가려는 목적을 기어이 이루려는 추구의 정치는 따라서 죽음으로 소통하고 세상과의 이별로 드러날 때 극대화한다. 죽음이 소통을 가능케 한다는 건 물론 '죽는 자', '죽어가는 자', '죽어가고 있는 지금 이들 남녀'(혹은 同性의) 사이에서만 흔쾌히 교호할 기운일 터다.

정사가 그저 단순한 죽음이 아니라 복합적 정치성을 지니는 까닭은 이것만으로도 예감이 충분하다. 다만 본격적인 논의를 앞둔 현 단계에서 가늠해 볼 것은 그것이 지니는 합일의 정치성, 즉 사랑을 '놓고'[4] 죽어야 하는 자의 (연정의 대상으로서) 타자와의 합의 정도나 공명共鳴 크기가 가히 기적적이거나 감동적일 수밖에 없다는 그 유의미함에 있을 것이다. 그건 곧 일상의 사회관계나 권력을 바탕으로 한 정치적 투쟁과정에 등장하곤 하는 잠정적 합의 따위와는 견줄 수 없는 소통의 전형처럼 역사로 묻혀 있다. 그러니까 원천적으로 성립 불가능한 '국민적 합의national consensus' 같은 개념의 정반대편엔 '사랑의 합의'가 놓이는 셈이다.

세상에 이처럼 완전한 의식교류와 지극한 합의의 원형이 또 어디 있을까? 그것도 '죽기' 아니면 '살기'[5]라는 극도의 선명함과 오로지 두 개의 메뉴 사이에서 자신을 지탱해야 하는 절박함이라니. 그것이 지루했다면 애당초 시작이나 할 일이었을까. 하물며 더 이상 갈 데 없고 머물 곳조차 없는 처소dead-end에서 같이 사라져야 할 노역에 기꺼이 '나섬'이랴. 그건 곧 보통의 '동의'나

'찬성'이 아니라 절대 합치의 모형인 셈이다.

그 같은 정치적 메시지를 즉발적으로 전달하는 기적의 통로가 죽음으로 열린다는 사실 앞에서 숙연해지거나 더불어 비장해지는 건 어쩔 도리가 없다. 그렇다고 하여 '선행자살'이 순수성 정도에서 정사의 극치로 빈발하는 '동반자살'만 못하다는 논리는 결코 성립되지 않는다. 아울러 '동반자살'이 '추종자살'의 그것을 상징적으로 웃돈다는 인식도 온당하진 않다. 왜냐하면 그것은 '차이'와 '다름'을 드러내는 행동의 징표일 뿐, 어느 경우라도 결코 서로 견주거나 가치의 우위론으로 다룰 대상은 이미 아니기 때문이다.

이 책은 이제 이 같은 관점에서 사랑하다 죽기로 작정한 이들이 끝내 어떻게 그 아련한 절망의 관문을 넘어서는지 살피기로 한다. 그리고 그 다양한 죽음의 방식이 살아남은 자들에게 준 '떨림'과 '울림'의 인문학은 무엇이었는지, 그렇게 사라져간 이들의 '몸부림'의 사회과학은 오늘 어떻게 되살아나고 있는지 새삼 헤아려 보려 한다. 사람들은 잊었건만 역사는 결코 잊지 않은 그 내력들일랑 도무지 '뭐'였을까. 기억의 편린은 하릴없는 조각들로 나뒹굴망정, 서둘러 떠난 넋의 자락들을 조합해서라도 저들의 동기와 사연의 속내를 다시 살필 수만 있다면 사랑밖에 더 할 일이라곤 없는 '삶'의 속살도 이제는 기꺼이 보여줄 때 된 게 아니겠는가.

멀게는 조선시대로부터 가깝게는 조금 전까지 어쩌면 그리도 '거짓처럼' 사람들은 사랑 때문에 흔쾌히 목숨을 던지는 걸까. 그걸 어찌 몇 마디 건조한 어투로 바꿔 책으로 담을 일일까마는 누구도 찬찬히 따지려 들지 않던 그 일들은 자체만으로 존귀한 게 아닐까. 누군가의 말처럼 하필이면 1920년대가 연애의 시대로 도드라지는 까닭은 정녕 따로 있었던 걸까. 가슴 뛰는 어휘 그대로 '연애' 그 본연의 꽃망울을 선연한 핏빛처럼 온 가슴 온몸으로라도 터뜨리지 않고선 견디지 못할intolerable 시기가 강점기 조선이었던 건 정치적 무능이나 역사적 질식과 맞바꿀 무엇이나마 그 안에 숨어 있었기 때문일까.

그러나 연애와 사랑의 관계는 뭘까. 형식과 내용? 흐름과 기운? 감각의 겉과 정서의 속? 옷과 피부? 뭐라 그 사이를 메우고 이름 붙이든 그러나 이제 와 이들 추상명사의 원초적 해제나 기발한 개념규정을 위하여 희한한 답사의 길로 들어서려 함은 무리다. 그보다는 있었던 일들의 체계적 반추를 통해 예외적 죽음의 정치성을 들춰보려는 것이다. 아울러 그처럼 온 나라를 뒤흔들던 정사의 내막들이 이제는 왜 거들떠도 보려 하지 않는 초라한 주제로 전락해 버린 것인지 헤아려 보자는 것이다. 뿐만 아니라 이제는 죽어도 곧바로 사랑 때문은 아닌, 수많은 변명과 도피의 출구들 앞에 스스로 면피하려는 것인지 '잦아진decreased' 주검들 앞에 옛 내막들도 때로 겹쳐보고자 하려는 것이다.

사랑과 죽음의 관계를 대체할, 그야말로 화통한 정치적 소통 계기는 정사 없는 세상에서 새롭게 마련될는지 모른다. 그럼에도 불구하고 그것이 끝내 국가의 과업으로까지 부상할 가능성이 희박하다면 '정사의 정치학'이란 곧 별도의 주제로 전환할 일이다. 사랑이 개인의 일이지 어디 나라의 '사업'이던가. 그렇다면 이 문제는 어디서 어떻게 파고들 일일까. 다음은 여기서 살피려는 관심의 기본 얼개를 압축한 것이다.

- 사랑의 감정은 정말 보편적인 걸까. 아니, 역사가 바뀌면 바뀌는 대로 감정의 속내도 달라지는 걸까. 아니면, 하염없이 세월 변해도 그건 꼼짝달싹 않는 영원성으로 스스로를 에워싸는 것일까. 그러니까 '왕조의 사랑'은 과연 '식민의 연정'과 선연히 다르다고 이해해야 할까. 게다가 '해방공간의 치정癡情'은 '개발독재 시대의 사랑'과 같지 않다고 보아야 하나.
- 그러나 '핍박의 시대'에 이르면 '사랑의 좌절'은 왜 한결 더

처연하기만 하며 '풍요한 시절'의 절망은 덜 도드라지는 걸까. 그러니 어쩌자고 붉은 꽃잎은 초록빛 숲속에서만 찬란한 걸까.

- 행여 그 어떤 연정의 당사자들에게 죽음을 권유할 일일까마는 세기는 바뀌고 삶의 궁핍이야 그나마 제법 물러가는 나날은 왜 사랑하는 이들로부터 죽음의 유혹을 앗아가고 있을까. 그렇담 정사의 퇴조는 곧 사랑의 진정성을 잠식하는 부박한 징표이려나.
- 하지만 끝내 소멸하지 않는 그 기운이 터뜨리는 오늘의 함성은 또 뭐란 말인가. 국가라는 프리즘으로 들여다보면 너무나 작고, 절절한 속내로 보자면 고막 찢어지는 울기와 한탄으로 넘쳐나는 저 소통의 예외성이 죽음으로 종결되는 의미의 거대함이란 정치적으로 여과 · 정제할 가망이 엿보이는가.

새삼스럽지만 한 발 쉬었다 가자. 도무지 '사랑'이란 뭔가. 명쾌한 정의는 내리기 힘겨운 걸까. 어느 해변 가 모래알만큼이나 숱하게 흩어져 있다가도 단숨에 모여들며 웅성거릴 어떤 화끈한 '데피니션'이 생각처럼 만만하다면야 좋으련만 지금 어디 그걸 기대할 일이겠는가. 그렇다고 또 이즈음 다시 에릭 프롬Erich

Fromm의 『아트 오브 러빙』[6] 같은 문헌에 기대거나 논리 창연하고 체계 방대한 현학주의에 스스로 빠져 이것마저도 연구의 탈을 쓴 지적 권위주의의 자발적 포로가 될 일일까.

그러나 하는 수 없이 어떤 형식의 정의로든 사랑의 의미망을 의식하지 않을 수 없는 건 정사가 결과라면 사랑은 곧 치명적 원인에 해당하기 때문이다. 그로써 의학적 죽음을 논하거나 그에 비유해야 한다면 이는 어디까지나 병원체요, 발병의 심각한 까닭인 것이다. 따라서 그걸 굳이 연애란 이름의 견고한 상자箱子에 가둬 그 속 작은 서랍에 다시 '지독한 사랑'의 항목을 달거나 예사롭지 않은 라벨을 붙여 유난스런 보존이나 개별 사안의 진중한 초혼招魂에 나서지 않더라도 정사의 전말을 알자면 저 알싸한 사랑의 의미란 운명처럼 마주할 일이다. 어떻게든, 임의로든.

환희와 행복의 감정을 한없이 주입할 것 같다가도 지옥에서나 맛볼 통증이나 죽기보다 싫은 혐오의 두 얼굴로 거짓 같은 정체를 키워가는 사랑이 모순의 극점을 숨기는 까닭은 아마도 애당초 의도치 않았던 소유의 강박 때문이었을 것이다. 갖고 싶다 하여 가질 수 있는 게 아님을 너무도 잘 알면서 때만 되면 같이 있고프고 공존의 순간을 영원으로 잡아 늘리고픈 허무맹랑이 사람을 눈멀게 '만듦'이야 이미 동서와 고금으로 널리 퍼진 주제가 아닐

런가.

사람이 사람을 소유한다는 것이 정신적으로나 육체적으로 불가능한 일임을 가장 깊이 이해하는 당사자들은 역시 지금 사랑에 '빠져 있는 이'들이다. 너무나 잘 알기에 외면하고 싶고 구태여 서로에게 이 같은 진리를 알게 하려 하고 싶지도 않은 터다. 보이느니 오로지 '님'밖에 없어 상식이든 지식이든 그 밖으로 튕겨나가게 되는 이치도 설명은 필요없는 노릇이다. 그냥 좋기만 하여 '같이 있음'은 곧 서로를 소유하는 것인 양 인식하게 되고 그 같은 순간이 동결·연장되는 것으로 착각할는지 모를 일이다.

지상에 존재하는 저 숱한 인간군 가운데 기껏해야[7] 단 둘이 엮는 관계의 파노라마가 우주보다 넓고 바다보다 깊은 사연을 만드는 일. 그것만으로도 그들은 진지하고 끔찍한 셈이다. 하나가 곧 전체이며 모든 것이 그 하나로 온통 치환되는 절체절명의 과업이라면 '그들'은 동의할까. 무엇으로 어떻게 규정하든 연정에 '바탕'을 둔 사랑을 둘만의 관계로 한정하고 그들이 만나는 '횟수'와 그 각기의 만남에서 주고받는 '열기'의 부피로 함수화한다면 의미의 대강은 그런대로 포섭될 것이다.

사랑이 '관계' 개념에서 파생하는 극히 자연적인 현상이자 하필이면 둘만의 선별적 정념이 빚어내는 감정의 숙성과정이라면 그건 그 자체만으로도 곧 '정치'다. 어쩔 수 없이 서로를 다스리면서 서로에게 빨려들어 가거나 자기 논리와 전략으로 상대를 제어하려는 매료魅了의 통치는 알고도 당하는 '피지배'요, 한사코 사로잡아야 할 압도의 오브제다. 그래서 사랑은 관계의 유지와 확장 혹은 단절을 둘러싼 끝없는 운동이며 가변적 변용을 주제로 삼는 불꽃 튀는 정치다.

결과적으로 보면 둘 사이가 얼마나 1) 뜨겁고 또 2) 자주 같이 지내는 지로 사랑의 징표는 레이아웃을 드러낸다. 하지만 앞서 지적했듯 그 '끝'이 결혼과 맞닿고 가정을 이루자마자 연애감정이 소멸한다고 등식화하진 말자. 게다가 상황의 변이가 과거 열기와 항상성 추구의 욕망마저 화석화시킨다고 에둘러 결론짓지도 말자. 관행의 지탱은 감각의 둔화를 재촉할 뿐, 감정 자체의 증발이나 축소를 부채질하진 않는다. '덜'한 것을 두고 없어졌다며 착각 말 것이며 안 보인다고 영영 사라졌거나 죽었다고 이따금 용쓰지도 말 일이다.

그보다는 '관계의 정치'가 '죽음의 통치'로 탈바꿈하는 까닭에 입체적 눈길을 모으자. 관계가 빚어내는 '온도'의 크기와 '빈도'의 부피에 압도되지 말고 만나고 또 만나도 모자라며 뜨겁다 못하여 데어버릴 용광로 사랑에도 불구하고 한사코 죽자며 더한 욕망 앞에 기꺼이 눈멀어버리는 무모함 앞에 옷깃을 여미자. 동기의 '응큼함'으로 넘쳐나는 현실정치의 모멘트를 두고 보면 저들의 뜻에 봉숭아물보다 더 깊이 배인 순수한 탐욕은 가히 혁명적이다.

뉘라 이보다 더 진지하겠으며 어디서 저처럼 괴로운 눈물빛 모티브를 발견할까. 킬리만자로 중턱의 얼음물? 가마솥 뚜껑 안의 증류수? 정치행위의 가능한 완성태를 데모크라시 안에서 찾는다면 정사를 목전에 둔 둘의 합의만큼 고결한 컨센서스를 어느 순간에 또 학습할까. 소통의 계기를 굳이 대화형식에서 찾지 않더라도 의식의 고고한 흐름이 언어라는 매체를 거치지 않고도 일정한 뜨거움을 넘는다는 건 대체 뭘 뜻할까. 게다가 그 격정의 극치를 보여주는 사례들이 '생의 한가운데'서 반복된다는 건 반드시 '소유불능'의 좌절 때문일까.

소유할 수 없다는 걸 알면서도 무한소유의 욕구를 멈출 수 없다는 패러독스는 모든 연정의 단위들을 망연케 한다. 소유충동을 둘러싼 이 위대한 모순은 사랑하는 사이는 물론 부모와 자녀, 친구와 친구, 가족과 가족의 단위를 넘어 심지어 연모를 가장한 위험한 집착의 담지자로 스토커에 이르기까지 폭넓게 퍼져나간다. 교정과 개전改悛의 가능성도 희미하니 말이다. 상대 모르게 상대를 사랑하는 일방 밀애는 말할 것도 없고 이루어질 수 없는 사이로 '비현실적 현실성'마저 초월하려는 관계 착시 또한 비극은 비극이다.

그러니 선남선녀는 물론 세상이 훔쳐보려는 저 어둡고 위태로운 애욕의 현장에서도 서로를 더 갖지 못해 애태우긴 매일반이다. 시작부터 '가질 수 없었던' 관계는 '갖기 위해' 한층 애면글면하며 허망한 가능성조차 핑계 삼아 순간을 잡아 늘이며 자기 검열의 경계선을 훌쩍 뛰어넘는다. 경우에 따라 그것은 소유욕의 경지를 넘어서는, 아예 대상 그 자체로 파고드는 일체화로까지 나아간다. '내'가 '그'이고 '그'가 '나'이길 바라면서.

불륜이란 꼬리표를 달며 비록 세상 곁눈질에 편승할망정, 당자들의 '타들어 가는 속'을 제대로 헤아릴 사람들이란 과연 몇이나 될까. 뭍 세인들의 관음을 행여 도덕적 단죄 아니면 사회적 압박으로 인식하더라도 사랑은 이미 약 껍질에 발라진 당의唐衣 아니면 앞뒤 바뀐 자동차 바퀴처럼 시도 때도 없이 '옳고 그름'을 초월한다. 그래서 사랑에 눈멀고 장식밖에 되지 못하는 두 눈으로 자신들을 응시하는 불특정 다수를 이제는 되레 외면하게 되는 것이다. 뿐만 아니라 치정癡情의 끝자락이 원색의 정념만 남겨 오로지 상대의 몸만 탐하는 동물로 묘사되더라도 사랑의 당자는 애당초 그처럼 만난 계기의 삿됨으로 '가슴치기' 보다 단 30분이라도 더 같이 있지 못함으로 절망한다. 그렇게만 된다면야 마치 (그)녀를 완전하게 소유하는 양 번개같이 신봉하면서.

붙어 있음으로 '그' 가 되고 끌어안음으로써 '그녀' 가 된다는 믿음은 어차피 절망의 가시뭉치를 헤쳐나갈 허망의 단도短刀일 따름이다. 그것만 있어도 된다는 생각은 소박과 맹목의 골 저편으로 '미래 공존' 의 신기루마저 기꺼이 건설한다. 둘은 하나이며 아니 처음부터 뗄 수 없었던 자웅동체였다고 받아들이는 게 전혀 이상하지 않은 것도 세상이 개탄할 대상은 아닌 셈이다. 제아무리 '국가의 기원' 이 '가족'이며 또 '가족'은 '연정'에서 출발한다 해도 사랑은 자족과 자기 완결성을 담보하는 무한의 에너지를 재생산하지 않는다. 단지 앞만 보고 가야 하는 외길 파수꾼의 성실성만 도처에서 강요할 뿐이다.

소유의 욕망이 허기를 낳고 채워지지 않는 갈증이 탐닉을 부추기듯 사랑을 시작했다면 헤쳐갈 '길'이야 사랑에게 물을 일이 아닐 터였다. 기갈飢渴 그 자체야 무슨 죄가 있으랴. 그걸 자각하는 몸이 먼저 문제요, 계속 누르지 못하는 마음이 그 다음이었을 것이다. 그렇다고 예서 무슨 자기 제압과 해탈의 형이상학으로 말꼬리 돌릴 일도 아니라면 사랑을 '사랑으로 보고' '사랑으로 뛰어넘다' '사랑으로 죽여버리는' 가혹한 노동에 천착할 일이다.

의심만 해도 그렇다. 세상은 의처疑妻와 의부疑夫 같은 '정신 현상'을 사회관계의 일탈이나 개인의 질병으로 치부하려 들지만 엄밀히 따지면 그건 죽음에 버금갈 과도한 집착의 부산물이거나 그와 유사한 증세일 것이다. 집착의 온당한 처리나 자기 극복에 반복 실패하는 경우를 놓고 치유가 필요한 병으로 이해하는 건 곧 '죽은 자'를 앞에 두고 단순히 건강의 상실을 애도하는 일이나 다름없으리라. 항우울제나 주사로 다스릴 사랑이었다면 병원은 사찰이나 성당보다 앞선 문제 해결의 장소였을 것이다. 죽음을 질병의 극단적 결과물로 치부할 수 없듯 집착도 의식과 감각의 극한 추구가 조율되지 않는 과정에서 파생하는 '화석화된 불꽃'이라고 보면 지나친 걸까.

극단의 고집과 퇴색의 거부. 감정의 '절제'란 배반이며 '조절'은 더 이상 사랑이 아니라는 자기 판결. 하여, 죽음은 그 자체로 목적이 아니라 수단일 뿐이며 고통 경감의 한 '길'일 수 있다는 급진적 생각. 그 같은 생각들이 오늘의 생활현실에서 좀체 쉽사리 나타나기 힘들 것이라 여기는 건 정말이지 착각이다. 그러니까 연정이 장해에 부딪힐 때 죽음의 골을 염두에 두거나 끝내 그 속에서 지름길을 찾으려는 몸부림을 아득한 과거에나 있음직한 일들로 치부하는 건 정말이지 곤란하다.

사랑은 어디선가 늘 현재진행형이며 기꺼이 죽음을 불사할 자기 파열의 뇌관마저 위험스레 숨긴다. 안 터지면 안 터지는 대로 헛된 소유의 욕망이 서로를 괴롭히고 끝내 터져버리면 생각보다 빨리 떠나야 할 이승은 남는 자들만이 부대껴야 할 지옥의 공간으로 남는다. 주고 또 주어도 더 주고 싶고 받고 또 받아도 양이 차지 않는 '비현실적 현실계'를 의식과 피부로 온전히 헤아리기란 그래서 한결 힘겹다.

몸으로든 마음으로든 연정의 상대를 제압하려는 건 곧 세상이 추앙하는 '사랑'은 아닐 터이다. 그러나 한없이 그리하고픈 '무의식' 자락이 '의식'에게 이내 들켜버릴 때 상대를 향한 소유의 욕망이 한층 더 탐스럽게 너울대는 건 피하지 못할 이치다. 모두가 그 같은 마음을 '아닌 척' 숨기려 들 때 가책과 번뇌로 탐욕의 날개보다 더한 그림자를 뇌리에 드리우는 동물의 이름 역시 인간이 아니었던가.

갖고 싶고 다스리다 못해 파고들 살가죽 어디든 들어가 버려 그든 그녀든 아예 그 자체가 되어버리기. 그리되고픈 욕망으로 사랑의 감정을 뜯어보자면 차라리 대상에 '물들기dyeing', 아니 대상의 구성분으로 내 스스로가 녹아버리면 그뿐이란 판단.

그걸 과연 '집착'이라 쉽사리 치부해 버릴 일일까. 감각의 극한을 덧없는 의식의 한 순간evanescence인 양 인식하는 것도 궁극에는 반성해야 할 무책임일 것이리라. 분말이 모여 고체가 되고 물방울이 섞여 바닷물 되는 까닭도 어디 설교나 교훈처럼 소리 질러 터득할 일일까.

소설가 이신조는 이렇게 말한다.

> 녹아내려, 원하는 것은 (어쩌면 유일하게 가능한 것은) 그(그녀)를 손아귀에 넣는 것이 아니라, 제 것으로 만드는 것이 아니라, 그저, 접근. 그에게로 흘러가는 것이다. 단지, 접촉. 그에게 닿는 것이다. 그저, 단지, 가까이. 그리하여 스며듦의 차례다. 스며든다, 딴은 서럽기도 하지만 짐짓 침착하고 차분하게. 스며든다. 쑤욱 빨려 들어가지 말고, 꿀꺽 삼키거나 삼켜지는 대신, 그저, 단지, 스며드는 것이다. 습기처럼 조용히. 염료처럼 단호히, 단풍처럼 거스를 수 없이, 연인에게 스며드는 것. 돌이킬 수 없이, 사랑으로 물이 드는 것이다.[8]

그것이 가능했다면 번뇌도 애틋함도 사랑하는 모든 이들에겐 애당초 덜했을 것이다. '스며듦'이라 한들 그 또한 의식으로 지각해야 할 순간의 착각일 뿐, 어디 육안으로 확인하고 사료로 남길 흔적이던가. 감수성의 샘플을 질료로 채취 · 선별하거나 냉동창고에 보관 · 분류하기 원천 불가능하다면 그 역시 단지 '그러고 싶다'는 욕망의 표현일 터다. 무의식의 도도한 탱크와는 관계없이.

하지만 사랑에 빠진 인간들을 '욕망하는 기계'로 간단히 치부해 버리거나 연애란 이름의 저 힘겨운 역사役事를 마치 마지(죽지) 못해 치르는 사역인 양 몰이해하는 일만은 피할 것이다. 혼자든 둘이든 사랑이 심하여 죽을 순 있겠으되, 게다가 사랑하지 못하여 죽음의 세계로 과감히 들어갈 순 있을망정, (사랑이 뭔지 알기 위하여) 단지 사랑을 핑계 삼아 사랑하지도 않으면서 어찌 사랑으로 사랑을 치환해 버리랴. 사랑을 팔며 어디 또 화火난다고 죽어버릴 일이겠는가.

사랑이 마음의 상태요, 대상을 향한 일방의 의지라고 보면 그 정도와 부피를 양화量化하기란 처음부터 힘겹다. 뿐만 아니라 순도純度의 측정이라는 것도 본시 가능한 과업이 아닐 터이다. 따라서 순정이니 아니니 하는 어휘 역시 감정에 겨운 어느 연정의 주체가 아쉽고 버거워 내지르는 감각적 자탄의 반어에 다름 아닐 것이다. 그마저 외치지 않곤 억울하고 비통하여 감정의 어느 한

편린이나마 포르말린 처리하려 베어내며 언어로 꾸미는 일일 것이다.

남들이야 알아주든 말든 그러나 안아도 더 안고 싶고 앞에 있어도 더 당기고 싶다면 그때는 어찌해야 하는가. 그럼에도 불구하고 겉도 속도 아닌 그 자체가 될 수 없음에 끝끝내 절망할 때 나는 도무지 무엇으로 버티며 어디로 가야 하는 걸까. '스며듦'은커녕 홀로 견디기도 버거운 게 연애의 현실이라면 당자들은 더불어 살지 못해 '괴롭고' 좀 더 부비지 못하여 '쓸쓸한' 존재들로 전락함에 틀림없다. 그렇게 보면 사랑은 '노동'이며 '버팀'이고 '기다림'이다 못해 '희망'과 '절망'을 동시 재생산하는 '애잔함'의 기원으로 이해할 터다. 웬만한 정념으로는 견디지 못할, 그래서 나름 엄청난 에너지를 요구하는 전대미문의 개인적 대사건으로 기록한다 한들 마다할 까닭이 없는 셈이다.

> 치명적이고 압도적인 그것. 우리의 열정과 의지를 넘어서는 강력하고 거대한 그것. 거의 언제나 우리를 이기고야 마는 그것. 내 안의 두렵고 끔찍한 나인 그것. 사랑에는 두 겹의 긍정이 필요하다. 우리의 좁고 깊고 어둡고 추운 곳에 감춰진 그토록 불길한 검은 덩어리를 마주볼 수 있느냐의 문제. 인간에게 '용기'가

필요한 유일한 한순간이 있다면 바로 그때가 아닐지. 자신의 바닥에서, 끝에서, 상처와 수치와 슬픔과 황폐함에 맞서, 외면과 회피와 왜곡 없이, 진실로 존재하기 위해 치러야 하는 고요하고 엄혹하고 무시무시한 싸움. 일생을 걸어야 할 만큼의 용기와 힘. 그러므로 사랑은, 사랑만으로는 부족하다. 사랑 이상의 사랑이 필요하다.[9]

사랑만으론 부족하여 '사랑 이상의 사랑'까지 필요하다면 사랑 개념의 무변無邊성은 얼마든지 가능한 셈이다. 한 없이 불합리하며 끝도 없이 비이성적이고 무한하게 반과학적인 '정념'의 세계를 드러내는 일. 그래서 언어의 간단한 유희조차 허락되지 아니하는 것. 그게 과연 어떤 상태냐며 대차게 되물을 일도 아닌 행위. 끔찍함. 극한의 주관. 절망. 징그러움. 소멸욕구. 자기 소진. 집착보다 더한 질림. 아물지 않는 상처. 지워도 지워지지 않는 통증의 흔적.

사랑을 즉발적으로 묘사하려 들거나 한층 근접 묘사하기 위해 언어의 분화와 교태를 부린다 한들 표현의 몸부림은 정작 표현하려는 실체를 현장에서 그만치 밀쳐내게 마련이다. 그 결과 언어는 언어로 소외되고 표현의 대상은 대상 그 자체로 화자의 인식세계에서 이탈하고 마는 개념의 죽음이 시작된다. 의미의 죽음과 소멸 혹은 인식의 헛됨. 표현의 욕구가 언어도 대상도 무의미란 이름의 그물망에서 한 발짝조차 나아가지 못하도록 만드는 자기 족쇄가 되는 '그 일'은 자칫 단순한 설명 역시 힘겹게 할는지 모른다. 언어로 인한 사랑의 욕됨과 그 궁극적 표현 불능의 함정은 따라서 늘 일정한 자기 궤도를 순환한다.

그러나 그럼에도 불구하고 누구든 언어행위를 그칠 순 없다. 아무도 사랑을 멈출 수 없듯 말이다. 따라서 중요한 것은 다시 사랑을 향한 매진과 정체의 규명을 위한 노력이다. 성실한. 찬찬한.

한사코 사랑의 일반 이론을 만들지 못하여 애면글면하기보다 어떻게든 일정한 개념의 준거를 마련하기 위해 차라리 애써보자. 그렇다면 '사랑'에 근접하는 '일'은 대상의 체취와 체액의 탐닉 이상으로 진지함을 먼저 요구할 터이며 모두가 동의하고도 남을 열렬한 의미의 동심원을 가슴팍 울리도록 강요할는지 모른다. 그게 전부일 순 없어도 가능한 지배적이며 압도적인 '무엇'으로 자신을 감싸지 않을 때 뉘라 사랑이란 의미의 그물망에 거침없이 빠질 일일까.

사랑이 세모든 네모든, 가히 죽음을 떠올리게 하거나 이를 결행할 심인心因의 전부일 수 있기까지 하다면 개념의 건설 또한 목숨 걸 일이리라. 궁극의 문제는 곧 사랑하는 '그들'이 과연 언제까지 같이 있을 수 있느냐의 물음과 직결된다. 물리적 공존과 관계의 지탱 가능성. 곁에 있어야만 한다는 이기적 욕구와 그 물리적 담보. 여기서 '몸'은 저당 잡힌 채무변제의 징표가 아니라 상호 소모와 의탁의 정표요, 잠시도 떨어져선 견딜 수 없는 결핍의 근원으로까지 작동하는 터다. 몸을 몸으로 탐닉하고 의식을 의식으로 잠식하며 감각을 감각으로 대체하려는 온갖 무모가 전혀 이상하지 않은 것도 따지고 보면 이 같은 결핍과 허기의 충족과 직결된다.

사랑이 연애의 자원이자 동시에 치열한 '정치'란 물음을 떠나 연정을 느끼는 인간들 서로의 절박한 문제로 귀결되는 건 바로 그 해소 여부와 맞닿는다. 육체적 허기와 감각의 주림을 넘어 착각이어도 좋을 합일의 완성과 영원성의 담보. 그래서 헤어지지 않을 수만 있다면 영혼 이상의 것이라도 팔아버릴 의지로 '넘쳐남'을 서로가 목마르게 재확인하는 것. 바로 그것만 해결된다면 왜 죽어 없어질 생각까지 할까.

가능한 한, 공존의 '현재성'을 동결시켜 버릴 것. 같이 있을 수 있는, 아니 같이 있는 지금이 영원히 지탱하길 바라는 몰염치의 강화 혹은 박제화剝製化. 그것을 시간의 화석화로 표현하든 현재의 '붙박기'로 묘사하든 '언어'는 어차피 여기서도 불완전하다. 해변 가 모래알만큼이나 많을 사랑의 정의 가운데 유독 다음의 경우가 도드라지는 까닭은 바로 이 같은 욕망을 극명하게 대변하기 때문일 것이리라.

또렷하다 못해 한결 서늘한 메시지는 작가가 이름만큼 풋풋하기에 가능했는지 모른다(사고의 열기란 여기서 굳이 사상이라 말하지 않아도 데일만큼 충분히 뜨겁다).[10]

김사과는 이렇게 압축한다.

> 사랑은 책임을 뜻하지 않는다. 그건 가장 살아 있다는 걸 뜻했다. 그리고 살아 있다는 것은, 과거와 미래를 망각한다는 뜻이다. 끝없이 이어지는 지금 이 순간만을 바라보겠다는 약속이다. 그게 바로 사랑이다.[11]

무책임성과 무시간성은 곧바로 무사회성과 직결된다. 사랑하는 이들끼리는 극한에 이르면 그들을 낳고 기르고 거기까지 다다르게 한 가족과 주변 혹은 친지나 온갖 과거마저 전혀 보지 않게 된다. 중요한 건 오로지 상대의 물리적 확인과 감각의 존재론적 교환 가능성에만 맞춰진다. 연정을 느낀 지 얼마 안 된 뜨거운 나날들이라면 더욱 더.

세상의 온갖 '관계'가 비가시적 대상으로 편입되는 그 순간부터 보이느니 오직 님뿐이며 만지거나 안기고픈 사람 단지 그(이)뿐인 상황이 펼쳐지는 것이다. 거기에 무슨 정당이 개입하겠으며 국가가 틈입闖入할 수 있으랴. 세상 모두가 사라져도 지금 이대로 둘만이면 무방할 맹목의 세월이 무의식적으로라도 허용된다는 사실은 그야말로 논리의 '제로섬'이다. 그러니까 만일 그 가능성 자체가 차단되거나 박탈당한다면 엄청난 좌절과 상실감이 뒤따를 것이란 암시는 얼마든지 가능하다.

그 같은 맹목의 대상이 자기 시야에서 사라지거나 이제 더 이상 볼 수 없는 지경에 이른다면 견디기 힘들 것이란 점도 재론의 여지는 없다. 하나만 보이고 둘은 감지조차 어렵다는 극도의 단순성은 곧 하나의 종교, 하나의 권력, 하나의 이미지만 반복 양산하게 마련이다. '그대 있음'에 내가 있고 '내가 없음'에 그대 또한 '어림없는' 논리의 순환이 대칭성을 자랑하게 되는 이치도 이 대목에서 힘을 얻는다.

죽음의 다양한 원인들 가운데 '사랑 때문에' 죽는 이야기는 잠시 뒤로 미루자. 여기서는 우선 죽음 보편의, 그것도 스스로 목숨 끊는 일을 둘러싼 몇 가지 담론들을 통해 자발적 절명絶命의 정치성을 짚어보자. '자살'이란 어휘가 주는 생경스러움과 사회적 거부감은 사실 어제 오늘 배양된 게 아니다. 그걸 감행하는 주체가 누구든, 또 그 공간이 어디든 천수를 거역하겠다는 단호한 '자기 결정'은 그것만으로도 정치적 성격을 진하게 드러낸다. 미리 가버리고 말겠다는 이 급진적 판단 밑바닥에는 사실 여느 사회주의나 공산주의도 범접치 못할 세상 향한 래디칼리즘이 깊이 개재한다. 그 불만의 노골적 칼끝이 가족을 향하든, 아니면 세상 인습과 전통을 향하든 관계없이 말이다.

장 아메리는 죽음을 둘러싼 이 같은 생소함이나 사회적 거부감을 '자유죽음'이란 어휘로 대체 · 해소해 버린다. 누구도 그 죽음에 개입 · 간섭하지 않게 만듦으로써 '생이별' 그 자체에 들러붙는 온갖 아우성은 물론 '죽음으로부터의 자유'마저 누릴 자격을 부여받는다고 적극 노력하려는 건 좀체 쉽지 않다. 놀라운 건 그가 정작 자신의 죽음을 눈앞에 두고도 논리의 정연함을 잃지 않고 (자유로운 이별에 관한) 자신의 최후 진술을 너그럽게 감행한다는 점이다.

그는 이렇게 맺고 끊는다.

차라리 나는 '자유죽음Freitod'이라는 말을 쓰고 싶다. 물론 자살이라는 행위가 참을 수 없이 강제된 상황 탓에 빚어지는 경우가 흔하다는 것을 익히 알고 하는 말이다. 그러나 죽음의 한 방법으로 자유죽음은 나사를 끼우듯 고정하려는 강제 안에서도 자유롭다. … 자살할 뜻을 품은 사람을 둘러싼 정황은 좋지 않다. 이미 자살을 저질러버린 사람의 상황도 최선의 것은 아니었다. 우리는 그들의 선택과 행위 앞에 경의를 표해야만 한다. 그들을 관심과 애정을 가지고 지켜보는 데 소홀함이 없어야 한다. 더욱이 그들 앞에서 우쭐대며 무시하는 행동은 보이지 말자. 불쌍히 여기는 마음을 가지고도 얼마든지 따질 수 있지 않은가. 누가 봐도 한눈에 알 수 있도록 조리 있게 따지고 들 수 있지 않은가. 이처럼 우리가 원하는 것은 자유로운 선택으로 우리를 떠나간 사람 앞에 차분하고 침착한 태도로 머리를 숙이고 왜 우리를 버렸냐며 조리 있게 따지는 일이다.[12]

뿐만 아니라 죽음은 그에게 별걸 다 염려해야 할 여유의 순간도 미리(?) 선사한다. 그러니까 그건 세상과의 단순한 이별이 아니라 (자기) 주검의 위생적 처리와 주변의 소란스러움마저 떠나는 자로서 동시에 상상해 보도록 채근하는 어쩌면 성가신 일일 수도 있다. (자기 스스로 어쩌지도 못할 것이면서) 가능하다면 깔끔히 주위를 처리해야 할 마지막 과업으로서.

아메리는 이렇게 읊조리며 삶을 정리한다. 어쩌면 자신을 향한 농弄처럼.

> 이제 남은 것은 한 시간 반뿐이다. 짧은 영원. 절대적인 없음. 이제 몸과 정신이 동시에 이야기를 한다. 그 뒤섞인 목소리들이 공간 안에서 들린다. 몸은 90분 뒤면 더 이상 자신이 존재하지 않으리라는 것을 안다. 90분이면 보통 영화 한 편의 길이다. 몸은 아스팔트에 부딪쳐 산산조각이 날 것이다. … 수면제가 약효를 발휘하기 시작했다. … 호텔에서 야근하는 직원이 무슨 일인가 살피러 올라올 것이다. 사이렌이 울리고 구급차가 달려오겠지. 미리 준비를 잘해서 그런 모든 일을 막아야만 한다.[13]

자신의 의지로 세상을 떠나는 자들이 남기려는 말들은 그것만으로도 경청해야 할 무게를 지닌다. 굳이 '비장미悲壯美'라는 말로 꾸미지 않더라도 그게 '마지막'이란 사실은 처연함, 엄숙함, 진지함, 절실함으로 넘쳐나게 마련이다. 그것이 또 하필 자기 자신에 대한 주위의 무관심이나 부담 혹은 타자를 통한 이별 통보 때문이라면 자발적 죽음의 계기는 한층 강해질 수도 있다는 데 주목할 일이다. 자살이든 자유죽음이든 그건 결코 강하지만은 않은 인간들이 저지르는 막강한 결단이기 때문이다.

세상의 저 많고 많은 자살자들 가운데 그것도 사랑 때문에 먼저 간 이들을 솎아내기란 간단한 일이 아닐 것이다. 아직 '죽어보지' 않은 자가 어떤 이유로든 스스로 먼저 떠난 사람들의 자살 전 상황을 헤아리기란 더더욱 어려울 것이다. 기실 칼로 무 베듯 곡절의 속내를 명쾌하게 가릴 순 없기 때문이다. 죽음을 결행하는 건 용감한 순간이겠으나 그때까지 이어질 복잡하고 기나긴 역사 또한 어찌 몇 마디 형용사로 꾸미며 두둔할 일이겠는가.

복잡하여도 매우 복잡한 현재와 불투명해도 너무 불투명한 미래가 그 경계 또한 애매하기 그지없을 때 죽음은 준비된 '선택'일 수도 있고 불현듯 저지르는 단발마의 '울렁임'이기도 할 것이다. 미수에 그치는 경우도 상당하지만 현실이 기왕의 작품을 고스란히 반영하거나 그 반대일 때도 비일비재한 건 삶의 극적인 예외성을 잘 드러낸다.

삐에르 유진 드리외 라 로셸Pierre Eugène Drieu La Rochelle. 그의 풀 네임을 인용하는 까닭은 현실이 드라마보다 더 드라마틱하고 작품의 콘텐츠가 현실보다 더 현실적일 수 있다는 역설의 좋은 본

보기가 되기 때문이다. 그가 남긴 여러 작품 가운데 1931년 작인 *Le Feu Follet* 는 1963년, 루이 말Louis Malle 감독이 영화화[14]한다. 영어 명으로는 *The Fire Within*, 우리말로는 「마지막 선택」으로 옮겨진 이 작품은 본디 단편으로 작가, 로셸의 친구이자 초현실주의 시인이었던 쟈끄 리구Jacques Rigaut가 알코올 중독에 빠져 끝내 (권총)자살에 이르는 실화를 바탕으로 삼는다.

뿐만 아니라 로셸은 하필 히틀러가 폴란드를 침공하는 1939년에 그의 자전 소설이자 대표작, *Gilles* 을 발표한다. 그건 곧 6년 후 제2차 세계대전 끝무렵 네오파시스트가 되어버리는 자신과 분열된 자아의 마지막 해소수단으로 '작가의 자살'을 예고하고 있었다.[15] 친구, 리구가 그랬듯 끝내 스스로 권총을 당겨버린 로셸의 삶을 '일그러진 청춘'이라 해석[16]한 국내 번역자들의 의도도 그래서 무리는 아니었을 것이다.[17]

더욱 흥미로운 건 거의 낭만적 충동에 가까운 감정이지만 이를 영화화한 감독 루이 말마저 원작의 주인공들이 겪듯 서른즈음 자살욕구에 힘겨워한다는 점이다.[18] 그러니까 '리구 → 질 → 로셸 → 말 → 알랭(로네)' 등으로 이어지는 이른바 자살의 도미노는 극적인 허구와 현실의 벽을 거침없이 뛰어넘고 있었다. 그들은 한결같이 나이 듦에 관한 근본적 불안에 시달리거나 가능한 한

젊음의 상태로 남아 있고픈 연약한 욕망에 사로 잡혀 서른의 위기를 겪는다.

> 내게 인생은 너무 느리게 흘러가. 그래서 속도를 높일 거야. 그게 옳다는 걸 아니까. 내일은 자살해야지.[19]

자살이란 행동이 일련의 범상치 않은 생각과 단호한 실천의 결합으로 구체화되는 반사회적 행동이니, 아니면 그와 유사한 일탈행위니 하는 따위의 현학적 주장은 예서까지 반복할 생각이 없다. 다만 위의 인용에서 보듯 (자살을 구태여 '자유죽음' 으로까지 변형시켜 이해하지 않는다 해도) 이승을 한시바삐 떠나는 게 옳다고까지 자기 합리화하면서 '내일은 자살하겠다'고 기꺼이 다짐하는 건 누구나 쉽게 받아들일 일이 아니다.

영화 끝자락에 이르러 알랭이 드디어 자기 배에 총구를 들이밀며 어김없이 방아쇠를 당기자 감독은 암전暗轉의 화면 위에 로셸의 원작 구절을 다시 얹는다. 왜 그랬을까. 죽은 자의, 아니 죽어가는 자의 끈끈한 미련을 한 번 더 짚어주려고? 아니면 죽음에도 까닭은 분명히 '있음'을 알리려?

내가 자살한 이유는 당신이 날 사랑하지 않아서야. 내가 당신을 사랑하지 않아서고. 우리 사이의 끈이 너무 약해서야. 그 끈을 단단히 하기 위해 죽는 거야. 지울 수 없는 오점을 남기고 당신을 떠나.[20]

이쯤 되고 보면 사랑은 지극히 변덕스럽거나 이악스런 자기애의 반어에 지나지 않는 게 아닐까. 서로를 향한 서로의 '사랑 없음'을 단서로 죽음의 이유를 만들고 끝내 죽은 다음 다시 연을 잇겠다는 독한 정서를 사회적으로 새롭게 설득하거나 군중의 전폭적 동의를 얻기란 좀체 힘들 것이리라.

영화를 만든 '말Malle'은 알랭의 이 같은 태도를 평소의 지나친 여성편향성[21] 혹은 여자에게 '덮여 있는' 연약한 남성의 과잉관념 표출로 본다. 안 그래도 여린 심성이 죽음을 무릅쓰며 동원한 에너지를 소진시킨 다음, 또 다시 다가오는 두려움을 이겨내고자 짧은 순간이나마 사랑과 인연으로 남은 욕망을 소환하려는 자세는 처절하다. 그럼에도 불구하고 죽음의 주체가 감지하는 열패감이나 회한의 강도는 말할 수 없이 진하게 스민다. 언어로 담아낼 감정이나 남아 있는 애상의 편린이나마 충분히 그려낼 가망이야 물론 크지 않지만 말이다.

죽음의 형식이 지니는 다양한 편차에도 불구하고 그건 모든 당사자들이 갈무리해야 할 끝자락 욕망의 관문일 터이다. 그 점에서 모든 자살자들은—동기 자체가 사랑인지 여부와 관계없이—강하면서 약하고 약하면서도 강할 것이다. 살 수 있건만 살지 않겠다는 지독한 편견은 한사코 삶 그 자체와 타협하지 않겠다는 감각의 원심력 없인 좀체 형(숙)성되기 어려울 것이다. 게다가 한순간 밀물처럼 몰려드는 온갖 회한과 삶의 미련 때문에 '되돌림' 의 가능성마저 엄청난 에너지로 맞서 부숴버리지 않곤 실패할 죽음이리라. 장쾌 · 심대하며 지상 최대의 아름답고 즐거운 불꽃놀이인 양 다가서지 않는 한 이승을 이륙한다는 일이 어디 말처럼 쉽겠는가.

그러나 문제는 남는다. 이처럼 세상 떠나는 알랭의 모습을 놓고 그것이 과연 정사인지 아닌지 새삼 물으려는 것 말이다. 삶이 늘 불안하고 불만스러워 떠나려 하든, 아니면 그 버거운 혐의의 면탈 핑계를 사랑으로 설정하여 느닷없는 일탈과 즐거움에 물들든 말든 어서 빨리 세상과 등지려는 순간 죽음은 그(녀)를 자유롭게 할 것이다. 그렇게 떠나는 게 정사든 아니든 당자에겐 정작 조금도 문제되지 않으리라. 죽음 직전일망정 본인이 사랑의 절실함을 종교처럼 구하고 그로써 일말의 안식을 얻는 게 사실이라면 사랑 그 자체에 얼마나 치열하고 성실히 일관했는지는 부수적일 수밖에 없기 때문이다.

보랏빛 꽃잎 꼭 처연히 흩날리고 가없는 비탄의 울먹임이 강가를 흥건히 물들여야만 정사의 정당성은 빛나는 걸까. 과연 그럴까. 소박한 장례에도 눈물겨운 역사의 힘은 누구와도 무엇과도 견줄 수 없는 무게로 소스라치게 내려앉기 마련이다. 굳이 살아 있는 날들 동안 그(녀)가 받았던 훈장의 갯수를 외쳐대지 않아도 그대로는 떠나지 못할 사연들 하나하나가 그들 모두의 발목을 거머잡는 이치 또한 바로 쳐다볼 일이다.

기어이 더불어 떠나야만 정사일 수 없는 도저한 죽음은 세상 곳곳에서 가능하다. 아니, 그놈의 정 때문에 별난 이별 앞에서 가슴 먹먹한 통증의 무게를 느껴야 하는 건 누구나 피하지 못할 삶의 과제다. 작품형식에 담기는 사랑과 이별이 비록 '비현실성'이란 함정을 벗어나지 못한다 해도 몇 번이고 되돌아보아야 할 통한의 감각을 유린할라치면 얘긴 달라지지 않을 수 없다.

무비 마니아들의 텍스트로 자리 잡은 「사랑한다면 이들처럼*La Mari De La Coiffeuse*」[22]은 가눌 길 없는 사랑의 벽참을 느닷없는 자기 소멸로 다스리는 예외적 필름이다. 특히 영화 끝자락에 한 꼭지 시편처럼 흐르는 별리의 독백은 누구도 예상할 수 없는 관계의 전복과 역설적 고백으로 넘쳐난다. 하필 사랑의 확인은 죽음의 각인으로 구체화되고 먼저 떠남이 훗날의 변색과 불투명함보다 또렷한 마음의 정표로 도드라지는 이유도 작품에서는 웅변처럼 여운을 남긴다.

12살 소년 앙뜨완(Antoine : 쟝 로슈포르扮)에겐 은밀한 즐거움이 있다. 풍만한 쉐퍼 부인이 주인으로 있는 이발소에 가는 일이다. 부인에게서 우러나는 향내와 부드러운 말씨에 완전 압도당한 꼬마의 머리가 자랄 새 없던 어느 날, 저녁 식사자리에서 아버지는 아들의 장래를 묻는다. 꼬마는 서슴없이 미용사의 남편이 되겠다고 대답한다. 쉐퍼 부인은 비명에 갔지만 미용사 남편이 될 꿈을 간직한 채 40여 년의 세월이 흐르는 동안 마틸드(Mathilde : 안나 갈리에나扮)를 만난 건 정녕 우연이었다. 마틸드는 주인이 은퇴하며 물려준 바로 그 이발소의 매력적인 주인이었다.

예약 손님이 있다는 이유로 처음 찾아간 그를 그녀는 거절하지만 3주 후 앙뜨완의 청혼을 받는다. 한사코 그녀의 남편이 되겠다고 하자 아버지는 심장마비로 돌아가고 어머니와는 인연을 끊는다. 하여, 형과 형수와 함께 결혼식을 올린다. 세상의 아무것도, 아이조차 원치 않던 그들에게 서로는 '삶'이었고 곧 '사랑'이었다. 10년 간 단 한번 사소하게 다툰 그의 사랑은 그처럼 미치도록 깊었다.

번개 비 내리치던 그날도 둘은 어김없이 사랑을 나눴건만 시나브로 요구르트 사러 간다며 폭우 속으로 사라진 마틸드는 돌아오지 않는다. 한 통 편지만 남긴 채 폭포수 내리 꽂히는 댐 난간을 기어이 넘어선 까닭일랑 웬만한 사람들은 도무지 이해하기 어렵다.

> 사랑하는 이에게 ;
>
> 먼저 떠납니다. 당신의 사랑이 식기 전에 사랑을 남기고 가려구요. 아니, 그보다도 불행이 오기 전에 갑니다. 우리의 숨결과 당신의 체취를 품에 안고 갑니다. 당신의 모습이며 입맞춤까지. 당신이 선물하신 내 생애 절정에서 떠납니다. 달콤한 입맞춤 속에 죽으려 합니다. 언제나 사랑했어요. 날 잊지 못하도록 지금 떠납니다.[23]

삶의 절정에서 사라지겠다는 마틸드의 심사는 일상의 이고 이즘으론 따라잡지 못한다. 사랑의 온기 고스란히 밴 시트가 식을까봐 그 전에 떠나고 말겠다는 일방의 정념은 아무리 프랑스 영화라지만 상식 반대편에 자리하는 감각의 콘텐츠니까.

남는 이의 마음일랑 죽음을 가로막을 어떤 장해도 되지 않는다는 점에서 인식의 균형점은 찾을 길조차 없는 셈이다. 그것이 정사냐 아니냐를 따진다는 게 여기선 지극히 맥 빠지는 일이겠지만 떠나는 자의 행동에 담기는 기이함은 '사랑하면 방심하고 한결 교만해지는 매너리즘'을 강타할 극한의 이기적 요건을 갖춘다. 사랑의 감정이나 연정으로 표현할 능력의 끝이란 어디까지 확장될 수 있는지는 여기서 새삼스럽다.

사랑을 위해 '피와 살'을 바치거나 그럼으로써 대신 죽을 순 있어도 자신의 사랑을 온전히 누리려 스스로를 버리는 일이란 좀체 상상하기 어려운 게 사실이다. 정 때문에, 정을 지키고 남겨두기 위해 죽는 일이, 사랑의 이름으로 사랑을 박제하려 자신을 배제하고 방기하며 몸 자체를 버리는 일이 도대체 기껍고 하염없이 자유롭다는 건 이미 상대 이외엔 누구도 보이지 않고 들리지도 않는다는 걸 전제하지 않고선 좀체 어려우리라.

사랑의 이름으로 사랑을 건지려는 그 일은 이기의 행각을 넘어선 자기중심성을 당사자의 의식 바닥에 깊이 심는다. 둘의 경계를 구태여 타자의 상처나 불편함의 있고 없음으로 가린다면 '이기'는 '자기 중심'보다 그래서 한수 아래 자리할 수밖에 없으리라. 결코 자신을 위해 죽지 않는 듯 보이는 정사는 바로 '자신을 위해 죽는' 급진적 사랑의 다른 이름인 것이다. '이타'의 이름을 빌려 그 어떤 아픔의 파편조차 주변에 흩뿌리지 않을 듯 보이는 매력의 형식으로.

연애, 그 막막寞寞한 정치 : 그리고 자살의 인문학

| 01_주 |

1_ 권보드래에게 '연애'는 강점기 이후에나 가능한 '문화'이자 '추세'였다. 『연애의 시대 : 1920년대 초반의 문화와 유행』(서울 : 현실문화연구, 2003).

2_ 그리하여 사랑은 곧이곧대로 자신의 의지만으로 운영하는 자유로운 사업 같아도 어느 순간 전혀 예기치 않은 돌발변수로 궤도를 바꾸거나 의도치 않은 관계의 종결도 무릅써야만 하는 마魔의 자원으로 작동한다.

3_ 하나가 열을 지배하든 천만을 다스리든 정치는 힘의 행사로 유지되는 '관계의 허울'이다. 하물며 일 대 일의 행위랴. 그건 어쩔 수 없이 빛나는 정치적 관계의 모체이자 사

랑과 이별이 빚어지는 관계의 원형질이다.

4_ 간단치는 않지만 여기서는 그 의미의 다의성을 열어놓아야 할 것이다. '놓다'의 제1의 의미는 대상으로서의 사랑의 물리적 존재 혹은 이별해야 할 순간 남겨질 그(녀)의 실체를 전제할 터이고, 둘째로는 자신이 이승에서 사라짐으로써 상대를 자유롭게 풀어준다는 '타율적 해방let him or her free'의 이미지를 연상해야 할 터다. 셋째로는 단순한 주제로서의 대상, 즉 삶의 진지하고도 절실한 마지막 토픽으로도 이해할 일이다. 여기서는 이들 세 가지 의미군을 모두 아우르는 넓은 뜻으로 쓴다.

5_ 문자 그대로 사생결단의 살벌함이나 죽음 아니면 삶으로 기로가 갈릴 때 사랑도 달콤함의 향유보다는 백척간두百尺竿頭 입술 마르게 타야 하는 모진 운명의 주역bladerunner쯤이나 누릴 혹독한 자원이라는 데 뉘라 반대할 일이겠는가.

6_ Erich Fromm, *The Art of Loving* (New York : Harper & Row, 1956).

7_ 이 같은 품사가 사랑에 빠진 이들에게 마뜩치 않을 이치란 어디 따로 설명할 일일까. 절실, 절박, 아련, 극치 따위의 표현도 기실 '그들'에겐 미치지 못할 단어이리라. 그 상호 압도의 영향력에 깃든 성분이나 최고조의 상태를 지탱하는 심인心因의 바닥에 단순한 호감을 넘어서는 자기 희생이

나 자기 부정의 정서로 넘쳐나는 까닭이란 사랑을 자각하는 순간부터 샘솟는 맹목성 때문일 것이다. 그저 아무래도 좋고 상대의 흠결일랑 모조리 묻어버릴 수 있는 저 기막힌 비타산성非打算性의 근원으로 말이다.

8_ 이신조, 『29세 라운지』(서울 : 뿔, 2011), pp. 146-147.

9_ 윗책, pp. 163-164.

10_ 그러나 그 또렷이 묻어나는 도발성을 앞에 두고 결례와 오만을 논하거나 풋내 나는 편견이라 치부하진 말기로 하자. 순수는 순수 그대로 수용해야 할 '날 것'의 아름다움을 자랑하니까. 거기다 정숙한 포장과 빛나는 절도節度까지 요구하자면 사랑은 어차피 그것만으로도 퇴색해버릴 부담이 될 테니까.

11_ 김사과, 『풀이 눕는다』(파주 : 문학동네, 2009), p. 158.

12_ 장 아메리 지음, 김희상 옮김, 『자유죽음 : 삶의 존엄과 자살의 선택에 대하여』(서울 : 산책자, 2010), p.15, 255.

13_ 윗책, pp. 277-278.

14_ 주연 : Alain Leroy 배역-Maurice Ronet ; Jeanne Moreau ; Lena Skerla ; Yvonne Clech 출연 ; 음악 : Erik Satie ; Running Time 108분.

15_ 이에 관해서는 다음 참조할 것. Rima Drell Reck, *Drieu*

La Rochelle and the Picture Gallery Novel : French Modernism in the Interwar Years (Baton Rouge, Louisiana : Louisiana State University Press, 1990).

16_ 드리외 라 로셸 지음, 정명환 · 이평우 옮김, 『우리들의 일그러진 청춘』(서울 : 중앙일보사, 1982).

17_ 소설가 하아무는 책의 타이틀을 원작 그대로 『질』이라 하지 않았음을 질책하지만 작품을 압축 해석하는 그의 자세는 매우 흥미롭다. "질 강비에는 문제아고 한마디로 개차반이다. 수많은 여자들과 육체적 접촉을 가지다가 돈을 겨냥하고 사랑하지도 않는 미리양 팔캉베르와 결혼한다. 그런 후에도 다른 여자들과의 관계는 지속되고 끝없이 갈팡질팡한다. 질은 자아가 분열되어서 한편으로는 비겁하고 변덕스러우면서도, 다른 한편으로는 '매우 비판적이고 고독을 숙명처럼 이어나가는 매우 복잡한 인간'이다. 그래서 질은 냉철한 비판자로서 정치적 사회구조를 매섭게 폭로하고 신문을 발행하면서 계급과 기계문명, 여러 주의주장과 정당 등 일체의 기존 질서에 대한 독설을 퍼붓는다. 또 도취적이고 이상적인 여성을 찾아 사랑을 맛보고, 한편으로는 꿋꿋하고 건강하며 충실한 삶에 대한 동경을 버리지 못한다. 이런 주인공의 분열상은 어딘지 우리의 정치사회 구조와 많이 닮아 있다. 이른바 의회민

주주의의 정체가 무엇이고 정치가 얼마나 추잡한 유희인가를 보여준다는 점에서, 또한 앞에서는 도덕과 이상을 말하고 뒤로는 호박씨를 아예 가마니 째로 까는 행태를 보인다는 점에서 말이다 그래서 번역자는 한국적 정치사회 혹은 그것에 근본적 절망을 느끼고 있는 '우리'를 개입시켜 [질] 대신 [우리들의 일그러진 청춘]이라 한 것인지도 모를 일이다.": http:// haamoo.idomin.com/40

18_ 그러나 그는 끝내 자살하지 않는다(림프종으로 사망/1995.11.23). 이 부분은 영화, 「마지막 선택(*The Fire Within*)」(서울 : 키노필름[제작], 2010) 중 Special Features · Louis Malle 인터뷰를 참조할 것.

19_ 위의 영화.

20_ *Ibid*.

21_ 그러나 오해는 말자. 로셸이 관심을 갖는 궁극의 목표가 섹스가 아님을. 『질』을 『우리들의 일그러진 청춘』으로 옮긴 이 가운데 하나인 정명환은 이에 관해 이렇게 말한다. "드리외는 그의 거의 모든 소설에서 여성들과의 다양하고 경련적인 관계를 맺는 인물을 등장시킨다. 그러나 그의 질은 에로티시즘으로의 경사傾斜는 단순한 성적 괴벽도, 또 감상적 사랑의 표현도 아니다. 그것은 차라리 도취의 순간을 통해 실현할 수 있는 일종의 내적 혁명 또는

변신을 향한 기대다. 그런데 이 경지는 육체를 통해서만 이루어진다. 육체는 정신과 분리되고 정신에 의해서 부정되어야 할 것이긴커녕 정신이 그 자체의 가장 남성적이고 적극적인 가치를 발휘할 수 있는 사상이다." 로셸 지음, 정명환 · 이평우 옮김(1982), 앞책, p. 649.

22_ 필름의 영어 타이틀은 *The Hairdresser's Wife* / 1992. 감독 : Patrice Leconte ; Antoine-Jean Rochefort ; Mathilde-Anna Galiena 출연 ; Running Time 81분.

23_ *Ibid.*

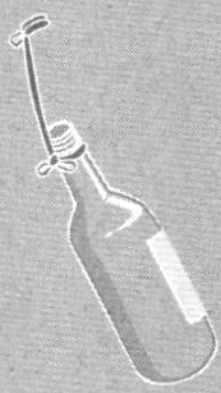

...

그들도

사랑을 느낄라치면 거침없이 만났다. 이루어질 수 없는 연분이어도 견디지 못할 마음이면 기꺼이 관계를 갖고 들키면 괴로워했다.

사랑하다 죽다

02_

바라보다 죽다 : 왕조국가의 사랑과 이별

왕조의 백성들에게도 사랑은 여전했다. 사랑을 느낄라치면 거침없이 만났다. 이루어질 수 없는 연분이어도 견디지 못할 마음이면 기꺼이 관계를 갖고 들키면 괴로워했다. 그러다 홀로 죽거나 아연啞然한 삶의 굴레 벗지 못해 때로 오열하거나 통탄했다. 누구라도 사랑의 역사役事를 치르되, 아무나 겪지 못할 시련과 눈총 앞에서 후회하며 가슴 치는 자들의 행렬도 세월은 얼마든지 기억하고 있다.

바라보다 죽다 :
왕조국가의 사랑과 이별

우리는 어땠을까. 사랑의 인문학에서도 '저들'과 '이쪽'을 가른다든지, 문명의 공간 편차에 따른 비교연애론은 이따금 관심 대상이 된다. 하지만 아무리 견주려 해도 그건 그저 단순히 갖다 댈 기계적 주제가 아니며, 그렇다 한들 뭔가 쉽게 이끌어낼 대상도 아니란 걸 헤아리기까진 그리 오랜 시간이 걸리지 않는다. 하기야 언어와 역사가 다르고 감정의 처리 관행과 문화환경 자체가 다르다는 저 편안한 핑계도 얼마나 오래 사용한 우리였던가.

그리하여 우리에겐 마틸드나 앙뜨완의 출현도 언감생심 불가능했고, 알랭이나 로셸 같은 인물의 설정이란 게 극적으로나 현실적으로 도무지 어울리지 않는 듯 보인 것도 사실이다. '현대'라 쉽게 말하는 시간대에서도 이 같은 정념의 극단은 그래서 우리의 '것'일 수 없었고 중세와 근대가 공존하는 왕조의 사랑이란 더더욱 한 모습으로 머물러 있다.

그에 따라 더도 덜도 아닌 정형화된 의식 틀을 벗어나지 못했던 도저한 형국도 따지고 보면 누구의 잘못이 아니다. 서로가 서로에게 강요한 독한 편견의 늪이 문제일 따름이었다. 자신이 빠지거나 남마저 빠뜨려야 그 순간 사라지는 신기루처럼 사랑과 연정의 표출에 관한 우리네 과거는 그저 미숙하고 불완전하며 한없이 쑥스럽고 부끄럽기까지 한 회피 대상으로 치부되고 있었다.

여기서 과거라 함은 당연히 이 땅에 사람들이 모여 산 역사 전체, 즉 장구한 시간대를 전제할 것이다. 따지자면 고대에서 오늘에 이르는 저 엄청난 시간의 축적물을 염두에 두어야 할 것이며, 그 속에서 사랑의 좌절과 실패로 괴로웠던 사연들을 엄선해야 한다는 부담이 뒤따를 터다. 하지만 그 일들이란 애당초 선명한 기록으로 보존되어 있길 기대하기 힘들 뿐 아니라, 행여 남녀 사연의 주인공들이 '통계'로 쌓여 있는 것도 아니고 보면 과거가 주는 압박감이란 가히 무책임의 경지를 넘어설 정도다.

그럼에도 불구하고 적어도 사랑과 이별을 둘러싼 이야기들에 묻어 있는 세월의 먼지를 털어 다시금 들여다 볼 이해의 얼개를 만들려면 그나마 자료의 접근성은 우선의 변수가 될 수밖에 없다. 그것도 현재로서의 역사성을 어느 정도 담보하느냐에 따라 가독성 여부를 결정한다면 손댈 수 있는 과거는 그다지 멀리 올라가기 힘들리라. 조선왕조쯤이 적합할 것이다.

왕조시대의 사랑과 이별을 살펴보기란 그러나 쉬운 일이 아니다. 특히 여기서 다루려는 정사나 그와 유사한 사례로 당대를 거꾸로 살피기란 간단치 않다. 자료의 성격과 깊이를 떠나 왕조시대의 사랑이 오늘의 그것과 어떻게 다른지 함께 생각해야 할 문제이기 때문이다. 최근의 몇몇 인문서들[1]은 이를 따져보기 위한 밑거름으로 적잖은 의미를 지닌다. 하지만 시대 전체를 관통하는 사랑의 메타 이론이나 연정의 조선사회사를 재구성할 미시사의 인프라로 활용할 업적은 아직 찾기 힘들다는 데 주목할 일이다.

그럼에도 불구하고 왕조시대의 남녀관계를 객관적으로 들여다 볼 지적 환경이 닫혀 있는 건 전혀 아니란 점에서 기왕의 편견과 이해의 틀을 엄정하게 되돌아볼 필요가 있다. 다음 몇 가지 인식은 기왕의 고집스런 이해 아니면 좀체 배제하기 힘든 선입견들이다.

• 일곱 살이 넘으면 남녀가 한자리에 같이할 수 없다不同席는 사회적 계율은 조선사회의 표현정치[2]를 근본적으로 왜곡한다. 사랑의 본능적 표현은 물론 일상의 인간관계와 그 '형성-지탱'과정을 불균형하게 만든 양성 차별은 여기서 시작된다. 이 같은 금기를 위반 · 무시할 때 관계의 기본은 깨질 뿐 아니라 불손과 오만의 늪도 건너지 못한다. 아울러 남존여비의 성 불평등을 인정하려 들지 않음은 경망과 천박을 용인하는 일이다.

• 그 같은 사회적 기제 배후에는 남성들의 부단한 성적 억압과 이를 기획한 지배권력의 묵인 혹은 이데올로기적 음모가 자리한다. 이념의 동력은 '유교'였고 이를 뒷받침한 이론적 근거는 주자학과 성리학이다. 이 같은 역사공간에서 여성들의 사회적 도발이나 정치적 반란은 원천적으로 가로막혀 있었고 성 평등이란 불가능했다.

• 여성을 향한 남성의 성적 억압은 곧 자신들의 도덕적 방기와 윤리적 일탈을 은폐하려는 핑계였다. 가능한 한 이를 영속화하기 위해 국가가 덧씌운 가부장적 지배질서를 전복하기란 극히 어려웠다. 여성의 사회적 순응과 정치적 복종은 물론 윤리적 추수追隨의 일방성을 강화 · 온존하기 위해 조선의 남성권

력이 상정한 극한의 대척점에는 열녀烈女 아니면 기녀妓女가 자리한다.

- 신분의 차별과 계층 이동의 원천 차단은 사(ㅿ)랑의 직접화법을 유통 불가능하게 만든다. 우회적으로밖엔 표현하기 힘든 연정은 적어도 왕조의 세월 동안 '사랑'이란 단어의 사용과 범람을 가로막는다. 참아야 하고 바라다 보기만 해야 했던 군주국가의 인간들에게 '때'란 만드는 것도, 기다리면 오는 것도 아니었다. 남성권력의 의지에 따라 발동 · 변화하는 덧없음의 반어로 그것은 작동하고 있었다.

그러나 과연 그렇기만 했을까. 이 같은 인식의 강물 밑바닥에 깔린 오래된 자갈들은 정말이지 한쪽 색깔만 지녔던 걸까. 조선의 왕조사회적 속성이 인간관계의 기본 얼개마저 장악 · 결정하거나 그 권위주의적 폭력성이 세상의 온갖 흐름을 강제 · 저지 · 왜곡했던 과거야 물론 모르지 않는 우리다. 따라서 이를 기획 · 견인한 지배세력들의 힘과 백성들이 감수해야만 했던 사회적 불편함은 조선의 국가질서와 유지를 이해하는 기본 척도가 된다.

여기서 우리나는 문화적 동조conformance와 순응compliance이 정작 조선을 지탱한 정치심리적 근본이었음은 왕조국가의 세계사적 최장성과 함께 우리의 눈길을 종종 사로잡는다. 자랑도 후회도 아닌 독특한 울기와 격정의 파편들을 양산함으로써 역사로 각인된 기억의 나날들을 유난히도 많이 간직한 국가 또한 그래서 '조선'이 아니었던가.

그러나 이 같은 정치적 구속과 사회적 불편함이 왕조국가 민중의 사랑의 의지나 감정마저 가로막은 결정적 요인이었다는 증거는 우리에게 없다. 왕조시대의 사랑도 늘 느낌이자 감각의 발로였고 의지의 소산이자 관행으로 자리 잡은 '사람의 일'이었다. 단지 표현의 지체나 소통 경로의 지나친 우회 때문에 마치 사회조건의 외형적 불편함이 내면의 감정과 감각적 교류를 갈구하는 왕조 민중의 열정마저 배제시킨 원인이었던 양 오해하는 경우가 잦았음이 문제였다.

흥미로운 건 이 같은 오랜 편견이 왕조국가의 사랑을 무슨 외계인들의 잔치나 기이한 현상쯤으로 받아들이려 했다는 점이다. 시대가 달랐으니 물론 오늘 같지 않은 언어체계나 표현의 자기 미학을 추구했을 터이고, 거기서 교류하는 감정 내용이란 것도 지금의 그것과는 차이가 있었을지 모른다. 하지만 설령 있었다 해도 그건 대부분 후대의 타자들이 지니는 당대 인물에 관한 '느낌'일 터이며, 그것이 곧 당사자 모두의 경험지평이나 감각의 속내마저 거울처럼 비치는 건 아닐 것이다.

왕조의 사랑에도 뜨거움은 오늘 같았고 미어지며 가슴 터질 듯한 사연일랑 도무지 '왜 달랐으랴'는 반문이 의미를 더할 때 군주국가의 연정 역시 장본인의 입장에서 보게 되는 건 아닐까. 그들에게도 열정이란 누구든 쉽게 견디지 못할 열병이었을 터이고 '사랑'이란 단어 또한 엄연한 세상의 언어로 유통되고 있었을 것이란, 아니 그랬다는 믿음을 수용하는 건 따라서 매우 중요하다.

뿐만 아니라 정사도 조선의 엄연한 현실이었다는 사실을 역사로 확인하는 작업은 적잖은 의미를 지닌다. 세상은 비록 남성들이 장악하고 속박과 질곡의 나날을 견디도록 강요당한 여성들이지만 사랑을 느끼는 순간 죽도록 가슴 들뜨고 그(녀)가 사라지면 상대도 뒤를 잇거나 적어도 함께 절명을 꿈꾸는 그 일이 일상의 감동을 넘어서는 건 예나 지금이나 지극히 진지한 사랑의 일이기 때문이었을 것이다. 사랑은 조선의 온 대지를 뒤덮도록 퍼진 민중의 항상적 정서 가운데 하나였다. 때로 계층과 신분을 초월하는가 하면 가족과 친지의 경계를 허물고 성과 지역의 차이를 넘나드는 보편의 정신자원이자 육체언어body language로 작동하고 있었다.

그에 따라 남녀차별에 따른 사회갈등은 물론 이에 정면으로 대드는 여성들의 성 정치적 도발이 일상화된 복종문화 속에서 한결 도드라지는 까닭을 읽을 수 있다. 유교가 설정한 양성 불평등의 족쇄마저 조선 전기에는 통용될 수 없었던 역사의 내력도 이제는 상식으로 자리 잡은 지 오래임을 다시 강조할 필요는 없을 것이다. 그럼에도 불구하고 상식의 재발견은커녕, 그땐 지금과 달랐을 것이라고 사람들은 자꾸 막연하고 편(리)하게 생각하려 든다는 데 주목할 필요가 있다. '달랐을 것'이란 생각 하나만으로 '다르지 않았다'는 사실史實 자체를 쉽게 외면하는 현실은 하다못해 생각의 역사적 균형을 도모한다는 게 얼마나 힘겨운 일인지 새삼 일깨워 준다.

왕조의 백성들에게도 사랑은 여전했다. 사랑을 느낄라치면 기회 닿는 한, 거침없이 만났다. 이루어질 수 없는 연분이어도 견디지 못할 마음이면 기꺼이 관계를 갖고 들키면 괴로워했다. 그러다 홀로 죽거나 아연啞然한 삶의 굴레를 벗지 못해 때로 오열하거나 통탄했다. 누구라도 사랑의 역사役事를 치르되, 아무나 겪지 못할 시련과 눈총의 혹독함 앞에서 후회하며 가슴 치는 자들의 행렬도 세월은 얼마든지 기억하고 있다.

사랑의 온전한 지탱이 신분제약 때문에 문제된다면 죽음도 무릅써야 할 일이었다. 남들이야 알아주든 말든 지아비의 '먼저 감'이 애틋하여 몸부림치는 세상이라면 홀연히 뒤따르며 떠나야 할 부질없는 공간은 이승이었다. 그 같은 일들이 되레 살아남은 남성들의 권장 사항이자 국가의 정려旌閭 사항이었다면 여성의 추수적 죽음은 되레 지배권력의 의연함을 확장하거나 도덕적 타락을 면피할 고스란히 훌륭한 탈출구였다.

세상이 등 떠밀던 정치적 정사로 열녀의 표상이 임란 이후 사회적 대유행이었다면 대관절 조선 초 · 전반기에도 분연히 나타나는 여성들의 극단적 자기 부정행위[3]는 어떻게 이해해야 하는 걸까. 뿐만 아니라 남성들마저 그 대열에서 예외가 아니었음을 역사는 잊지 않는다.

죽음의 '내용'이 그처럼 격정으로 넘치며 주위 인간들마저 감당하기 어려운 일념의 극한 정서로 가득했다 하여 '형식' 모두가 정사일 리는 없었다. 세상이 열녀의 표상을 권유하고 열부의 이미지를 극대화하고 있었다 하여 뒤에 남은 자들 모두가 처연한 죽음을 준비한 건 아니기 때문이다. 아울러 국가 전체에 걸쳐 실제 발생한 정사 통계와 통사적 의미부여 과정에서 사관史官들은 생각보다 인색했음에 유념해야 한다.

다음 표는 조선의 정사 통계를 어림하기 위해 실록 국역본 기사 가운데 '자살'조와 '열녀'조 항목을 대비하고 실제 열행 기록 건수를 수치로나마 나란히 견주어 본 결과다. 하지만 표에서 보듯 (정사까진 그만두더라도) 자살과 열녀에 관한 기록 부피는 제한적이다. 그것이 곧 실제 역사를 고스란히 반영한 액면의 실체였다고 보긴 힘들 것이다. 실제로는 많았으나 고의적으로 줄인 것인지, 아니면 역사의 경험 총체를 냉정하고 엄밀하게 여과함으로써 의도치 않게 배제된 것인지 여부를 판정할 기준은 현재 없다. 다만 군주지배 체제에서 가능했던 애정표현 정도나 소통조건의 폐쇄성과 별도로 경험적 사실의 기록 자체를 부담스레 생각했을 것이란 추론은 가능할 것이다.

실록이 사회사Social History 인식의 엄연한 인프라임을 부인할 길은 어디에도 없다. 그것은 심지어 '정사情死의 정사正史'를 방증할 기초자료로 의미를 더한다. 하지만 정치사를 우선시하는 조선 기록문화의 기본 입장을 감안하자면 이는 관변官邊사학의 제한적 관심 대상이었을 따름이다. '애틋한 죽음'은 적어도 사관史官들이 맨 먼저 바라볼 대상은 아니었던 셈이다. 지배세력 안에서 되풀이하는 천문학적 사단의 인과관계와 그 전말을 우선시한 관료문화를 감안하지 않더라도 이는 당연한 귀결이었다.

[표_1] 실록 국역 기사 중 '자살'·'열녀' 언급과 실제 열행 통계 대비

(괄호 안은 부녀자 자진自盡 통계)

구분(實錄)	자살조(自殺條)	열녀조(烈女條)	실제 열행(烈行)[4]
태조	1	0	9
정종	0	1	1
태종	7	6	20(2)
세종	21	15	69
문종	3	1	0
단종	4	6	22(1)
세조	3	5	2
예종	0	2	1(1)
성종	24	27	31(8)
연산군	16	7	8
중종	62	35	84(11)
인종	0	1	0
명종	12	9	25(7)
선조	21	15	12(4)
선조수정	10	1	0
광해군일기(중초본)	24	17	3(1)
광해군일기(정초본)	23	14	0
인조	26	5	134(11)
효종	16	6	9(3)
현종	7	5	21(9)
현종개수	6	3	0
숙종	23	22	48(29)
숙종보궐정오	3	0	0
경종	15	2	1

경종수정	9	0	0
영조	56	18	32(22)
정조	27	38	56(22)
순조	4	41	105(5)
헌종	0	1	1
철종	1	2	0
고종	10	18	0
순종	1	3	0
순종부록	0	0	0
계	435건	326건	694건(136명)

자살의 언급과 열녀 언급 횟수를 모두 더하더라도(761건) 왕조사 전체의 구체적 열행 기록(694건)을 크게 넘어서지 않는다는 사실은 이 같은 상대적 무관심을 잘 반영한다. 그 가운데서도 남편의 주검 앞에 오열하는 부녀자들의 극단적 선택, 즉 죽음의 '동일시 효과'를 기록으로 온전히 담아내는 경우가 단지 136명(건)으로 압축된다는 건 도무지 뭘 뜻할까. 맺을 수 없어 견디지 못할 정념으로 사라지는 것도 아니고 좋아도 너무 좋아 한날한시에 떠남도 맞추자며 저 힘든 죽음을 일부러 작정하는 것도 아닌 무리한 '따라죽음.'

단지 부재의 고통을 견디지 못해 따라가겠다는 종사從死와 자진自盡행위에 국가가 개입한다는 건 기실 지금의 관점에서 보면 죽음을 결행하는 당사자보다 더 괴로운 일일 터다. 예나 지금이나 자살의 동기를 꼼꼼히 따지자면 그건 원천 불가능할는지 모른다. 유서가 있고 측근의 관찰과 증언이 있다손 치더라도 죽음의 동기야 어디까지나 죽기 전 본인에게 물어야 할 일일 뿐 주검에게 물을 일은 아니기 때문이다.

하물며 그것이 가능하다 한들 뉘라 그 까닭을 다 읊조리겠으며 북받치는 감정의 전말을 어찌 모조리 논리로 정돈해 주겠는가. 이 대목에 이르러 가혹하게 따져볼 일은 또 있다. 국가가 권장하고 지아비의 나라가 주문한 죽음이었다 해도 그 혹독한 결심 뒤에는 단지 이들만 개재한다고 확실히 말할 수 있는 걸까. 세상이 죽으라 하여 죽었고 저들이 밀고 밀어 삶의 벼랑 끝 '거기'까지 내몰렸다 해도 그 몇 줌 죽음의 역사적 부피는 과연 타인의 의지라는 변수만으로 해부하고 말 일일까.

조선 여성들의 자진 통계에 비친 외삽外揷적 정치성을 단지 이렇게 치부해 버림은 그녀들의 죽음 모두를 한결 욕되게 하는 일일는지 모른다. 겉으로는 동일한 듯 보이나 다양하기만 한 저 죽음의 곡절을 절개와 의리만으로 치부해 버리려 함은 곧 죽음의 온전한 자발성을 훼손하기 때문이다. 따라서 조선의 다종다양한 열녀 행태 가운데 정사에 가장 가까운 사례를 선별하고 이론화하기란 쉽지 않다. 오늘날마저 정사에 관한 사회적 이해와 의미 합의가 어렵듯 왕조시대의 죽음 가운데 연정을 바탕으로 한 미시사의 재구성과 '경우의 수'를 둘러싼 사건의 경계 역시 명쾌하게 구분 짓기란 용이하지 않기 때문이다.

강명관은 이렇게 말한다.

> 양반 지식인은 어떤 형태의 죽음이건 남성을 위한 여성의 희생, 그것이 할고든 자살이든, 또 자식을 남기고 죽든 아니든, 늙어서 죽든 젊어서 죽든 그 죽음의 이유가 아무리 비이성적인 것이라 해도 모든 죽음을 찬미하였다. 이것이야말로 죽음을 확산시킨 주요인이었다. 열녀의 죽음의 확산을 멈추기 위해서는 국가가 개입하는 수밖에 없었다. 그러나 조선이라는 유교국가는 가부장제를 존립 근거로 삼고 있기에 결코 열녀의 생산을 멈출 수 없었다. 조선조가 종언을 고할 때까지 국가-남성은 정려의 확대를 통해서 자살을 조장했다. 열녀에 관한 남성의 모든 글쓰기는 오로지 여성의 자살을 찬미하는 데 골몰했다. 분명 단기적 · 미시적 국면에서 이것은 가족 구성원들에게 충격이었고 또 손실이었다. 하지만 장기적 · 거시적 국면에서 이것은 여성에 대한 남성

의 지배를 강화한다는 것, 동시에 남성 가부장제의 체제 유지를 용이하게 만든다는 보다 큰 이익이 있었다.[5]

그렇다면 여기서 우리는 중요한 의문 하나와 닷부딪친다. 그녀들의 죽음에 '사랑'이란 이름의 변수가 틈입할 빈자리는 정말이지 전혀 없었던 걸까. 속마음 상당부분은 기실 사랑으로 가득하여 가눌 길 없는 슬픔과 절망으로 넘쳐났건만 그걸 표현할 방법도 경로도 마련되지 않았기에 누르고 누르다 그저 표표漂漂히 가야만 했던 건 아닐까.

그녀들의 죽음에도 명분은 오롯이 서야 했기에 열녀의 표상이 필요했을 것이고, 그 같은 처지가 속절없는 삶의 여운만 버겁도록 채근해댔다면 그립고 보고파 미칠 것 같기에 떠나려 들던 급진적 사랑정치radical love politics의 허망한 대가나 진정한 속내는 이제 복원시켜야 하지 않겠는가.

어떻게든 어루만져야 할 영혼은 사라진 역사 속으로 찬찬히 걸어들어가 살필 일이다. 그리고 그때 누가 어떻게 죽고 또 이내 따라 사라졌는지 들여다 볼 일이다. 머잖아 떠날 이승은 어쩌자고 앞당겨 이륙할 마음으로 가득 채웠던 것인지 남은 상상도 마다치 말아야 하리라.

그리 많지 않은 부녀자들의 자진 기록을 통해 필자가 왕조 사회 정사의 밑그림 단서를 잡으려는 건 그 행위에 담기는 정치적 다중성 때문이다. 기왕의 조선사회사 연구는 이마저 열행의 한 유형으로 기정화한다. 하지만 지아비의 죽음 앞에서 비범한 현시욕을 바탕으로 모든 걸 맞바꾸려는 생각은 단순한 비장미를 초월한다. 설령 그것이 가부장제 국가의 남성 특권과 그 영속적 향유를 의식한 권력의 의지 아니면 기획의 소산이었을망정, 부녀자들의 이 같은 자진을 단순한 분노나 좌절의 결과로 봄은 온당치 않다.

실제로는 더 많았을 정사 통계란 예나 지금이나 정확치 않다. 특히 즉발적 애정표현이 힘겨웠던 조선사회에서는 더더욱 그러했을 것이다. 있었던 일들을 모조리 알리고 밝히려 들기보다 세상의 귀감이 될 일들만을 엄선한 사관들의 자세를 감안하자면 이해 못 할 일도 아니다. 설령 오늘의 동반자살을 방불케 할 엽기적 죽음이었다 한들, 구태여 기록하려 들지 않았을 당국을 탓하려 듦은 허망한 일이 아닐까.

다음 그림은 앞서 살핀 조선조 역대 군주별 열행 기록 가운데 여성들의 자진 사건들만 선별, 그 단속斷續적 변화의 흐름과 주기적 반복 추이를 압축해 본 것이다. 여기서 보듯 여성들의 열행

[그림_1] 조선조 여성들의 군주집권기별 열행 추이와 자진율 변화

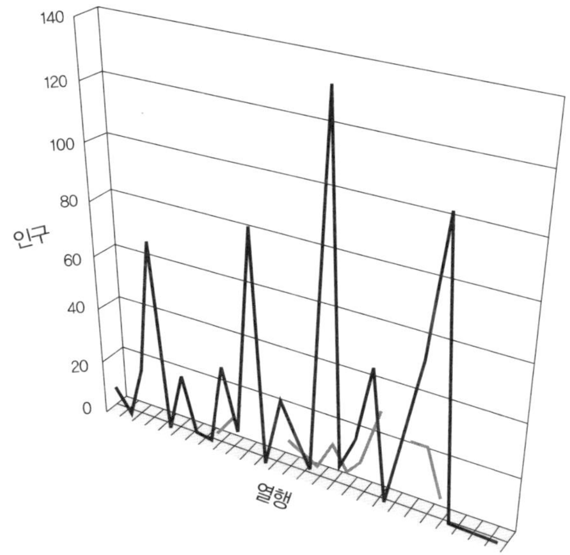

은 일상의 인식과 달리 선조조 이전에도 엄연했다. 끊기며 이어지는 비연속적 결행의 기록이긴 하나 죽은 지아비를 따라가려는 극단의 결심 사례들이 또 하나의 죽음의 계열을 이룬다는 사실에 눈길을 맞출 일이다.

수절이든 자진이든 그들 모두는 사회적 강요와 정치적 반복학습에 따른 기형적 자학이었다고 과잉단순화시킬 수도 있을 것

이다. 하지만 그렇다고 해서 그녀들 모두의 죽음이 타율적 폭력과 비의도적 단련결과도 아니었다는 데 눈길은 다시 머문다. 한 번 더 묻자. 각자 스스로를 향해. 이 땅에서 사랑이란 컨셉은 적어도 근 · 현대인만의 전유물일까.

그렇게 사라진 이들의 죽음의 동기가 성적 불평등의 순순한 수용과 남성 지배세력이 덧씌운 정치적 자학의 메커니즘으로 한층 강화되고 있었다손 쳐도 여성들의 자진과 자기 부정적 행태 밑바닥엔 일정한 사랑의 감정이 사라지지도 녹지도 않은 채 불변의 질량을 뽐내고 있었을 것이라고 생각해 보자. 몇 가지 상상과 추론의 근거로 다음의 일들을 실제로 염두에 두며 말이다.

태종 12(1412)년 12월 11일, 조정朝廷은 박저생의 부자간음 사건에 관한 판결문제를 의논한다. 자신의 첩을 간음한 아비의 행각을 놓고 되레 부자의 공간共奸혐의로 문책당하며 사법적 힐난을 무릅써야 했던 박저생의 심사란 과연 어떠했을까.

> 사헌부 · 사간원 · 형조에서 아뢰었다. “신 등이 박저생朴抵生의 옥사를 상국詳鞫하오니 박저생이 처음에 파독波獨을 첩으로 삼았으나 그 아비 박침朴忱이 중간에 범간犯奸하였고 박침이 죽자 박저생이 다시 첩으로 삼았으니 부자가 공간共奸한 정상이 명백합니

다. … 파독으로 말하면 아비와 아들의 첩이 되기를 달게 여겨 거부하지 않았으니 엎드려 바라건대 일일이 율律에 의하여 논죄論罪하소서." 명하여 각각 한 등을 감하여 박저생은 장杖 1백 대에 유流 3천 리를 … 파독은 장 1백 대에 여죄餘罪는 수속收贖하게 하다. 이에 박저생의 아들이 격고擊鼓하여 아뢰기를 "신의 아비가 비록 스스로 밝힐 수는 없다 하더라도 그러나 여러 번 대유大宥를 거쳤으니 죄를 면할 만합니다" 하므로 의정부에 내려 의논하게 하였다. 의정부 · 육조六曹에서 아뢰었다. "안율按律하건대 '조祖 · 부父의 첩妾을 간음하면 참斬한다' 하였으니 박저생의 죄는 마땅히 이 형벌을 받아야 하며 인륜人倫의 대변大變을 용서함은 옳지 못합니다." … 박저생이 자살하였다.[6]

대관절 그는 왜 자살했을까. 세상을 향한 뒤늦은 부끄러움? 아비에 대한 끓어오르는 분노? 돌이킬 수 없는 자기 과오와 상황의 뒤틀림에 관한 모멸감? 아니면 더 이상 외면하고만 있을 수 없는 자아의 전면 거부와 폭력적 부정? 대책 없는 고뇌의 즉발적 해소?

육백 년 전 한 남자의 자살의 심인心因을 유추하기 위한 오늘의 언어란 것도 따지고 보면 허술하기 짝이 없다. 잃어버린 한 조각 열쇠로 비밀지도의 출구를 찾으려는 정교한 방황도 그럴듯한 단서나 확고한 믿음 없인 지탱하기 힘든 여정일 것이기 때문이다. 하지만 제아무리 그 죽음의 경로 찾기가 힘겹다 해도 남자를 자살로 이끈 많고 많았을 원인 가운데는 애첩, 파독을 향한 사랑의 자기 지분持分과 그로써 더욱 다잡기 힘들어진 본처의 마음 앞에 자꾸 흐려져만 간 일말의 염치는 아니었을지.

비장한 죽음의 주체가 대부분 여성이었던, 그것도 조선 초 박저생의 자살은 그래서 유난히 도드라진다. 여느 남성들이라면 생각지도 못할 자신의 결행은 적어도 강요된 성적 불평등 속에서도 독특한 정치적 의미를 지니기 때문이다. 잘못을 저질러도 거의 대부분 살겠다며 도피와 안주의 변명거리를 만들 때, 극형을 눈앞에 두고 차라리 목숨을 끊기로 결심한 건 그나마 명예자살로 주변을 정리하려는 사적 동기를 바탕에 두었으리라.

여기서 굳이 죽음을 통한 이익의 환수를 문제 삼는다면 그건 남은 여성들에게 돌아갈 몫이었을까, 아니면 스스로 목숨을 끊은 장본인의 것이었을까. 죽은 자의 입장에서 보면 결국 '이기'와 '이타'의 경계는 애매할 수밖에 없다. 미미하나마 죽음으로 되찾을 위신이 있다면 죽음의 결행은 이기의 최소값을 예고했을 터였고, 첩의 여죄를 묻겠다는 당국의 문책은 적어도 본처의 울기를 다스리는 사법적 도구로 정치적 기능을 발휘했을 것이다.

그러나 그걸 어찌 객관적으로 수치화하겠으며 또 서로 견줄 일이겠는가. 드물기만 한 남성의 자살이 야기할 결과론적 논쟁 대상을 다만 다시 정리한다는 차원에서 죽은 자의 뇌리에 남아 있었을 사랑의 문제를 재고하자면 살아남은 여성 가족들에게 이는 여전한 고뇌의 대상이었으리라. 대답을 기대하기 힘들어도 묻자. 첩, 파독과 본처에게 지아비의 자살은 무엇으로 다가가고 있었을까? 잃어버린 건 남편이자 세상으로부터의 안위였을까, 아니면 온전한 사랑 그 자체였을까?

조선 전기의 열행 가운데 다음 두 건은 대표적인 자진 사례다. 전자는 버림받은 첩이 제3자의 능욕을 견디지 못해 자진한 경우이고 후자는 죽은 남편을 바로 따라간 통절痛切의 종사從死다. 이들도 과연 사랑 없이 사라진 온전한 국가 의존적 열행의 주체였던 걸까.

성종 23(1492)년 1월 6일과 효종 5(1654)년 9월 18일자 실록은 이렇게 적고 있다.

성균관 학록成均館學錄 오한상吳漢相의 버린 첩이 무안務安에 살면서 절개를 지켰는데 이웃에 있는 사람이 길에서 기다리고 있다가 강제로 위협하며 절조를 빼앗았다. 여자가 말하기를 '내 능히 정절을 지키지 못하고 강포强暴한 자에게 욕을 당한 바 되었다' 하고는 마침내 목을 매어 죽었다.[7]

평안도 용강현龍岡縣의 백성 옥남玉男이 바다에 익사하였는데 그의 아내가 젖먹이 아이를 이웃 사람에게 부탁하고 드디어 자살하였다. 그 가문에 정려旌閭를 명하였다.[8]

생각해 보자. 자신에게 불리한 결과가 다가오는 줄 엄연히 알면서도 그 행위에 몰입할 용단으로 넘쳐난 마음이란 오직 한 가지 목적만으로 구성되고 있었겠는지 말이다. 사대부 남성권력이 자신들의 지배체제를 한층 강고히 지탱하기 위하여 여성들의 예종과 희생이 절실했다면 이 위선의 불평등 구조를 과감히 수용한 진영의 정치적 보상은 도무지 무엇이었을까.

거기서도 어느 한쪽의 성 정치적 유 · 불리를 따지거나 사회계약 과정의 공평한 가치교환 따위를 이어갈 수 있을지는 분명 논쟁거리다. 아니, 시대적 배경과 사상 운용의 조건 자체가 판이한 상황을 전제할 때 이 같은 발상이 문제임을 왜 모르겠는가. 하지만 상상과 추론의 길을 새롭게 낼 수밖에 없는 이치는 한결같이 과감한 죽음을 불사한 이들을 둘러싼 여전한 의문 때문이다.

버림받은 첩마저 육체적 능멸과 오염에 스스로 치 떨며 남의 손을 탄 몸을 죽음으로 정화하려는 자세는 일견一見, 사랑과는 동떨어진 대단하고 엄숙한 의무의 피조물로 인식할 수 있을 것이다. 하지만 남성 지배세력이 덧씌운 고결한 순종의 메커니즘이 부단한 역사의 학습으로 이어질 때 이를 견인한 근본의 정신적 동력은 곧 상대를 향한 배전倍前의 연정 아니었을까. 좋아하니 죽었지, 그 반대임에도 기꺼이 사라질 백성이란 대체 어느 나라 인물들이었으랴.

익사한 남편을 뒤따라 죽은 부인의 행각 역시 따져보자면 격정과 허무로 치른 분사憤死일 수 있을 터이고, 동시에 극한 고독을 견디려 어쩔 수 없이 저지른 무모한 종사從死로도 의미를 찾을 수 있을 것이다. 물론 여기서도 그 죽음의 동기를 정치적이거나 합리적인 (일종의) '선택'으로 보자면 얘기는 끝도 없이 펼쳐질 것이다. 이를테면 그 죽음은 사랑도 희생도 아닌, 단지 죽음 이후 자신에게 다가올 모종의 명성名聲 하나 바라보고 단행한 경제적 행동이었다는 해석도 가능하기 때문이다.

죽음으로 뒤따를 명예와 이를 보상하기 위해 국가가 지불할 유형 · 무형의 혜택을 고려하자면 설령 이웃에 젖먹이 자식을 맡기고라도 남편 뒤따를 결심에 다가올 세상 지탄은 전혀 두렵지 않았을는지 모른다. 아니, 죽어서라도 출세와 영광을 예견하는 농후한 정치력이 개재할 가능성 역시 앞섰을 것이란 분석도 배제할 수 없으리라.

어디서 어떻게 다가서든 '그들'의 자살 동기를 단순화하기란 쉽지 않다. 다만 죽음의 계기를 이룬 정념의 구성분이 이 같은 정치적 판단에 비해 정녕 빈곤하기 이를 데 없었을 것인지 오늘 되돌아볼 필요가 있음을 지적할 따름이다. 따지고 보면 열행의 압박을 둘러싼 사회적 학습은 개인의 정치적 합리성이나 감각적 정념에 앞서는 부부관계 유지의 중요한 변인이었을 것이다. 자유나 평등은 고사하고 속내의 표현 자체를 허여치 않던 세습 군주시대의 사회상을 엄중히 고려하자면 '왕조국가와 사랑'이란 주제는 기실 '낭만' 그 자체로 인식할 일일 것이다.

과학적 검증과 결정적 단서의 출현을 기대하기 힘든 지난 일들의 규명에서 적어도 상황의 입체적 이해를 위한 변수와 반대 사례들이 엄존함은 주목할 일이다. 열녀의 범람과 국가의 암묵적 조장이 감동적일 수만은 없는 것처럼 왕조시대의 모든 여성과 남성들이 자신의 삶의 가치 앞에서 한결같은 도저함과 다소곳한 진지함으로 일관했을 것이란 믿음은 의외로 쉽게 무너지는 편이다.

사랑 없는 기계적 관계만이 횡행하여 그 또한 왕조의 인간 관계를 척박하게 몰고만 갔으리란 가설은 곧 기형적 연정이 넘쳐나는 실화 앞에서 만만찮은 혼돈을 견뎌야만 한다. 그래서 인식의 외압과 통일적 편견의 포로가 된다는 게 얼마나 폭력적인지 재확인하는 데는 그리 오랜 시간이 필요치 않다. 대관절 아비의 후처와 관계를 맺는 자식의 마음속에도 사랑이 들어 찰 여백은 있었던 걸까. 오로지 육욕에 절어 관계의 '아련함'만이 목적이었다 해도 세간의 눈에 띄자 오롯이 죽음을 불사할 수 있었던 '둘'의 생각은 도덕의 뒤늦은 발로였을까.

> 남부에 사는 고故 진사 신빈申彬의 후처인 김 씨가 신빈의 전처소생인 셋째 아들 신유정申有禎과 몰래 간통한 일이 발각되자 동시에 목을 매어 죽었다. 어미와 아들이 서로 간통한 것은 강상의 막대한 변고인데 남녀 두 사람이 다 이미 스스로 죽어서 정형正刑을 시행하지 못하니 사람들이 몹시 한탄하였다.[9]

극과 극이 통한다는 편리한 논리 이전에 세상의 눈길을 끌어모으는 진짜 이유란 그것들 모두가 사람이 저지른 일이었다는 사실 때문이었을 것이다. 상상을 넘어서는 그 행위들이 설령 세상에 알리고픈 온전한 다른 뜻 때문이었다 해도 사랑은 정녕 아무나 하지 못할 일이었고 죽음 역시 누구나 저지를 사단은 아니었던 터다.

여성의 마지막 덕목인 양 조선사회에서 칭송하던 열행을 부단한 학습이나 정치적 권장 결과로만 보기 힘든 까닭은 뭘까. 발심發心의 계기로 작동한 살가운 정과 이를 입증·표현하려 했던 범상치 않은 결단의 형식이 실로 무정형amorphous의 것이었다는 사실 때문이었을 것이다. 누구도 그녀처럼 아무나 그렇게 할 수는 없는 행위, 즉 '죽음의 정치'를 감행하는 정서 밑바닥이나 표피 모두에 단지 사회적 쇼맨십이 넘쳐난다는 해석은 그래서 서둘러 가신 님 들을 향한 최소한의 예우가 아니다.

병으로 떠난 남편의 부재가 서럽고 서러웠으나 견디지 못할 고통 이루 표현할 길 없어 하필이면 죽음을 택한 처자의 열행이 후대의 귀감이 됨은 굳이 예서까지 힘주어 말할 필요야 없으리라. 단지 절개와 연정 혹은 사랑과 세속의 평가란 것이 과연 서로 섞이지 못할 도저한 '다름'으로 따로 헤아려야 할 대상인지 이제는 정말이지 진솔히 따져도 보자는 데 눈길은 다시 모아진다.

도무지 다음 조 씨의 절개란 것이, 게다가 오늘날까지 전해지는 사연의 극치란 것이 후대의 감동을 극대화하고자 궁리한 열부烈婦 한 사람만의 처절한 정치적 판단 때문이었을까. 조선사회는 정녕 그렇게만 보아야 할 근거로 넘쳐나는 역사의 보고였을까.

> 강원도 관찰사 이봉李封이 아뢰기를 "원주 사람 조태趙泰의 딸 조씨는 나이 27세에 생원 조중량曺仲良에게 시집가서 시부모 섬기기를 매우 조심스럽게 하였으나 반년이 못 되어 조중량이 병에 걸리자 조 씨의 집에서 요사한 말에 혹하여 조 씨를 그 본집으로 돌려보냈습니다. 조중량이 병이 위독하자 조 씨가 듣고 가니 조중량이 이미 죽어 염을 하였는데 조 씨가 손수 스스로 염을 풀고 1주야를 시체를 안고 있으면서 그 냄새가 더러워 가까이 할 수가 없는 데도 조 씨가 놓지 아니하고 음식을 입에 넣지 아니하며 곡하는 소리가 끊어지지 아니한 것이 무릇 15일이 되어서야 본가에 돌아왔습니다. … 그 어미가 문을 열고 보니 예사로 앉았으므로 처음에는 그 죽은 줄을 생각지 않고 이르기를 '부부로서 누가 사별하는 자가 없겠느냐? 어찌하여 스스로 괴로워하기를 이처럼 하느냐?' 하고 느지막해서 다시 부르면서 본즉 벌써 가는 베로 목을 매었는데 조중량의 혼서婚書와 생시에 보던 책 두어 권을 안고 죽었으므로 그 집 사람들이 놀라고 슬퍼하여 혼서와 책을 함

께 염하여 장사하였습니다."[10]

조선조 열녀들이 단행한 죽음의 전말을 사랑으로 이해하려는 자세는 여전히 생소하다. 아니, 사랑이란 정서를 왕조에 대입하려는 의도 '자체'를 의심하는 게 여전한 현실이란 표현이 더 옳을 것이다. 이른바 민중의 자발적 복종과 이를 국가 전 영역으로 미화 · 두둔하려는 정치적 신비주의는 조선 문화사는 물론 왕조를 인식하는 기본 틀로 아직도 광풍 같은 위력을 뽐내는 게 사실일 터다.

그러다 보니 여성의 종사從死나 의분에 찬 열행은 지극히 일상적인 과업인 양 수용하는 추세였고, 궁극에는 무슨 감동이나 암묵적 권장 대상도 아닌 듯 치부하기도 했다. 그것은 죽음의 주체가 여성들로만 한정된다는 지극한 편견과 오랜 사회관행을 되레 당연시하고 마는 세속의 자세와 맞닿고 있었다. 그에 따라 인식의 불공평이 아름다운 질서요, 지당한 율법으로 수용하는 악습도 분노와 개탄 대상이 되기엔 늦어버렸던 것이다.

조선조 후기에 이르면 여권女權의 예속과 피학적 자기 희생이 심화한다는 통념은 그나마 역사 전반부의 예외 사례들을 쉽게, 그리고 자주 배제하는 핑곗거리가 된다. 선조조 이전만 하더라도 사대부 기혼 여성들의 의식은 의연하고 사랑 앞에 당당했음을 우리는 자주 잊는 편이다. 한결같진 않았다 해도 남편을 향해 '사랑한다' 말하거나 과감히 '자네'라 호칭하는 일도 전혀 이상하지 않았음을 기억해야 한다.

그것도 안타까운 남편의 죽음病死 앞에 오열하거나 구태여 유난스런 열행을 감수하지 않으면서 감동적으로 처신하는 경우를 염두에 두자면 더더욱 주목할 일이다. 아내의 이름을 문서로 확인할 길은 없었다.[11] 자신을 단지 '원이 엄마'로만 밝힌 여인은 남편 이응태李應台가 죽자 상중에 서둘러 쓴 언간諺簡 편지로 주검을 감싼다. 관중서棺中書로 넣은 절절한 편지는 너무나 유명하여 굳이 설명의 덧붙임을 허락지 않지만 지레 '애절함'을 넘어 주검을 향한 '꾸지람'마저 우러나도록 읽는 이들을 채근한다.

자내 샹해 날드려 닐오되
둘히 머리 셰도록 사다가 함께 죽자 하시더니
엇디하야 나를 두고 자내 몬져 가시노
날하고 자식하며 뉘긔 걸하야 엇디하야 살라하야
다 더디고 자내 몬져 가시는고

자내 날 향해 마음을 엇디 가지며
나는 자내 향해 마음을 엇디 가지런고
매양 자내드려 내 닐오되
한데 누어 새기보소
남도 우리같이 서로 어엿비 녀겨 사랑호리
남도 우리 같은가 하야
자내드러 닐렀더니
엇디 그런 일을 생각지 아녀
나를 버리고 몬져 가시난고

자내 여히고 아무려 내 살 셰 업스니
수이 자내한테 가고져 하니 날 데려가소
자내 향해 마음을 차승此乘니
찿즐리 업스니
아마래 션운 뜻이 가이 업스니
이 내 안밖은 어데다가 두고
자식 데리고 자내를 그려 살려뇨 하노

이따 이 내 유무遺墨 보시고

내 꿈에 자세 와 니르소

내 꿈에 이 보신 말 자세 듣고져 하야 이리 써녔네

자세 보시고 날드려 니르소

자내 내 밴 자식 나거든

보고 사뢸 일하고 그리 가시지

밴 자식 놓거든 누를

아바 하라 하시논고

아무리 한들 내 안 같을까

이런 텬디天地같은 한恨이라

하늘아래 또 이실가

자내는 한갓 그리 가 겨실 뿐이거니와

아무려 한들 내 안 같이 셜울가

그지 그지 끝이 업서

다 못 써 대강만 적네

이 유무 자셰 보시고

내 꿈에 자셰히 뵈고

자세 니르소

나는 다만 자내 보려 믿고있뇌

이따 몰래 뵈쇼셔

하 그지 그지 업서

이만 적소이다[12]

병술(1586)년 유월 초하룻날 아내가

이보다 통탄할 일이 어디 더 있겠는가만 이미 유명세를 치른 원이 엄마의 사연일랑 위의 편지 '이후'가 더 중요한 게 사실이다. 남편의 상중에도 이제는 유복자遺腹子로 살아야 할 아이의 존재감마저 느껴야 했던 어미의 사연에 굳이 방점을 찍지 않더라도 그녀를 열녀의 대열에 포함시킬지 말지 여부는 그리 급한 일이 아니기 때문이다. 그렇지 않은가.

버겁던 여인의 마음이 걸음을 멈출 수밖에 없던 시점도 이제는 자기마저 죽어야겠다는 결심으로 무르익는 그때였을 것이다. 어느 새 훌쩍 커버려 더 이상 아이가 아니라 여길 즈음 하필이면 어미가 외가에 있는 사이 아비 따라 홀로 떠난 '원이'의 부재 앞에 이승은 아무런 의미 없는 공간이었을 터였다.

여인은 견디지 못할 심사 끝자락에 다음과 같은 글을 남긴다. 조두진은 오늘의 표현으로 여인의 글을 이렇게 푼다.

꽃 귀한 여름날 그 크고 붉은 꽃을 보시거든 저인 줄 알고 달려와 주세요. 저는 붉고 큰 꽃이 되어 당신을 기다릴 것입니다. 처음 당신이 우리 집 담 너머에 핀 소화霄花를 보고 저를 알아보셨듯, 이제 제 무덤에 핀 능소화를 보고 저인 줄 알아주세요. 우리는 만났고 헤어지지 않았습니다. 곡기穀氣를 끊었습니다. 사흘 동안은 물을 마셨지만 이제 물마저 끊었습니다. 이렇게 곡기와 물기를 끊어 저는 당신과 아이가 있는 곁으로 갈 작정입니다. 오늘 아침에 일어났을 땐 눈앞이 흐릿했습니다. 이제 저는 낯익지만 모진 세상과 작별하고 정다운 사람들 곁으로 갑니다.[13]

생각해 보자. 이처럼 떠나는 이승이 단지 국가가 베풀 포상과 그로써 나머지 가족들이 얻을 명예만으로 넘쳐날 공간이었겠는지. 떠나는 여인 본인의 형용 불가한 먹먹함보다 남성 사대부의 위용과 가장의 권위를 먼저 고려해야 했던 국가의 정치적 의도란 게 도무지 무엇이었을 것인지를. 절박한 그 순간마저 개인의 정념이 체제의 법통과 질서에 앞설 수 없는 까닭이란 감정의 표현조차 '솔직함'보다는 정갈한 명분 아래 모든 걸 복속시켜야만 했기 때문이리라.

남편과 아들을 순차적으로 여읜 여인의 처지 앞에서, 그리고 가족의 부재 때문에 솟구치는 가없는 슬픔을 죽음으로 맞바꾸려는 일을 두고 당대를 휩쓸던 세상의 공론公論과 '남의 눈'만 의식하는 건 정녕 솔직하지 못한 처사다. 게다가 '사랑'이란 개념을 왕조의 세월에서 쉽사리 배제하는 인식은 잘못된 습관이었다. 그것은 새삼 천착해야 할 인문학적 주제이자 사회과학적 탐구 대상으로 우리 앞에 남는다.

당장 표현하지 못하였을 뿐 그렇다고 느끼지 못한 건 결코 아니었다는 데 주목하는 일은 그래서 중요하다. 미치도록 달려가 고픈 사람이 눈앞에 있어도 표현의 직설은 경박이자 결례란 이유로 턱없는 자제만 강요하는 세상이었을 것이다. 하지만 '님'은 대놓고 끌어안을 열정의 대상이 아니라 늘 뒤따라 애면글면해야 할 물리적 '남'이었다는 사실 때문에 여전히 속상해할 필요는 없으리라.

그보다는 좀체 다가서지 못하던 조선 여인들의 열정의 속내와 그것들이 오늘 다시 함의할 연정의 정체를 헤아리는 데 남은 기운을 쏟아볼 일이다. 세상 그 무엇과도 견주지 못할 열행의 성격 또한 그것이 단순한 기형적 자학이나 보상을 갈구한 정치적 계산 결과였다는 시각으로만 바라보지도 말 일이다. 저 숱한 열녀들의 역사적 경험지평이야 어찌 흔쾌한 잣대 하나로 잴 사안이겠는가 마는 한결같이 국가만 바라보며 님의 존재를 가문의 명예와 등식화했다는 기왕의 해석에 안주하는 한, 하 많고 많은 죽은 자의 뇌리를 하염없이 맴돈 사랑의 원혼들이야 구원의 가망일랑 영영 없을 것이다.

사랑도 분명 학습과 체험을 통한 교화의 대상이었을 것이다. 누군가 과감히 추동하고 곁에서 보고 배우며 따라서 좋아하거나 이내 들떠 누를 길 없는 감정의 그물망 안에 여지없이 갇혀 버리고 마는 '그 일'이란 소통을 가로막는 물리적 거리나 통신의 장애마저 기꺼이 극복할 놀라운 힘의 원천이자 그에 새삼 눈떠가는 과정이기도 했다.

그런 과업이 전근대의 핵심 주제일 수 없다는 편견은 문자 그대로 편견으로 남겨야 한다. 왕조의 세월에도 사랑의 설렘은 넘쳤고 그 어긋남으로 인한 비련과 불륜의 아련함 또한 버겁도록 쌓여간 게 사실이다. 당대를 살았든, 아니면 후대의 사람들이든 의도적 외면과 솔직하지 않은 감정 처리란 결국 신분사회 조선이 강요한 복종의 일방성과 그로써 무르익은 위선의 문화가 부추긴 당연한 귀결이었다.

그렇다면 중세의 사랑이 그저 답답하고 어눌하기만 했을 것이란 가설도 의외로 무기력할 것이다. 거꾸로 생각해 보자. 그렇게 연달아 죽고 기꺼이 사라지며 하염없이 이룩할 채비로 미련조차 두지 않을 이 땅이었다면 그게 사랑 없이 떠날 곳이었을 것인지 말이다. 다급한 성정에 견디지 못하여 배필의 죽음과 부모의 절명과 연인의 자진에 덩달아 사라지겠다며 결심했다 한들 그게 사랑 없이 어찌 가능했겠는지 말이다.

유행이란 이름의 편리한 핑계가 생겨나고 있었다는 게 솔직한 표현일 것이다. '근대'라는 허울도 그래서 기막힌 인식의 외피 노릇을 도맡을 수 있었을 터다. 모던이라면 마치 다 통할 것 같은 기이한 논리마저 거짓처럼 이 땅으로 스며들 때 '사랑'은 이제 왕도 양반도 주인마님도 눈치볼 필요없이 세상 정수리를 향해 질주의 나날을 준비하고 있었다. 기다렸다 달리면 더 멀리 달려갈 것처럼 들뜨고 견디지 못할 마음 빗대줄 입안의 단내도 주인의 거친 호흡과 함께 잦아들고 있었다.

사랑의 나날이 거침없는 행보와 자유연애의 봇물을 타고 그야말로 전환의 시대를 향하려 들 때 좌절과 애수의 부피는 물론 정사의 가능성과 다시 죽음의 광시곡狂詩曲을 준비하는 이들 역시 늘면 늘지 줄진 않고 있었다.

바라보다 죽다 : 왕조국가의 사랑과 이별
| 02_주 |

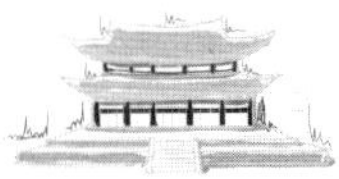

1_ 이수광, 『조선 여인의 향기 : 스물여섯 가지 향기를 간직한 사랑이야기』(서울 : 미루북스, 2011) ; 『그리워하다 죽으리 : 조선을 울린 위대한 사랑』(서울 : 창해, 2011) ; 『조선을 뒤흔든 16가지 연애사건 : 신분과 사회를 뛰어넘은 조선 최대의 스캔들』(서울 : 다산초당, 2007) ; 정성희, 『조선의 성 풍속』(서울 : 가람기획, 1998) ; 김만중, 『조선을 뒤흔든 성 스캔들』(서울 : 거송미디어, 2004).

2_ 좋으면 '좋다' 하고 싫으면 '싫다' 해야 할 감정의 즉발적 드러냄을 이른다. 표현이 목적이자 수단이어야 할 삶에서 감정의 드러냄이 굴절 · 왜곡되거나 제3자를 거치는 경유

의 방식에 의존할 때 '소통 지체'는 물론 신분사회의 질곡은 이미 대등한 '관계의 정치'를 잠식해 버렸을 것이다.

3_ 동반자살까진 아니어도 지아비의 죽음 이후 연달아 죽거나 홀로 남은 자로 느끼는 치욕의 극복 수단으로 자진自盡을 택하는 경우를 일컫는다.

4_ 숱한 죽음의 형식 가운데 조선사회에서 두드러지는 이타적 절명the altruistic suicide 유형은 상상을 넘어선다. 널리 알려진 대로 결행 주체가 대부분 여성이란 점에서 조선의 열행烈行은 폭력의 일방성을 지탱·자랑한다. 이와 관련하여 주로 남편과 부모·자식 등 가족의 질병을 구완하려는 절박한 수단으로 자신의 넓적다리 살을 잘라 먹인 할고割股나 생혈을 공급하려 감행한 단지斷指가 특이했다면 대부분의 열행은 수절守節로 귀결된다. 지아비의 죽음에 즈음하여 자신의 의연함을 보이기 위해 절의節義나 자훼自毁의 방편에 호소함도 행동의 과잉이었지만 경우에 따라 분사憤(焚)死하거나 종사從死·절식絶食 역시 무릅썼음은 무모無謀의 미학을 바탕으로 삼는다. 하지만 이는 어디까지나 오늘의 관점에서 유추할 수 있는 극단성extremity일 뿐 당대로선 국가의 암묵적 권장사항이자 남성 지배세력의 정치적 기획 결과였다는 데 유념할 필요가 있다.

5_ 강명관, 『열녀의 탄생』(파주 : 돌베게, 2010), p. 495.

6_ 『조선왕조실록』 태종 12(1412)년 12월 11(壬戌)일 ·「태백산사고본」 영인본 1책 657면 ; ○至丁亥二月, 司憲府司諫院刑曹啓曰 : "臣等詳鞫朴抵生之獄, 抵生初以波獨爲妾, 其父忱中而犯奸. 及忱之歿, 抵生復以爲妾, 父子共奸, 情狀明白.… 波獨則甘爲父子之妾而不拒. 伏望一一依律論罪." 命各減一等, 抵生杖一百, 流三千里 ; … 波獨杖一百, 餘罪收贖. 於是, 抵生之子擊鼓以聞曰 : "臣父雖不得自明, 然累經大宥, 罪可得免." 下議政府擬議. 議政府六曹啓曰 : "按律, 奸祖父之妾斬. 抵生之罪, 當服此刑. 人倫大變, 不宜宥."… 抵生自殺.

7_ 『조선왕조실록』 성종 23(1492)년 1월 6(丁丑)일 ·「태백사사고본」 영인본 12책 130면 ; ○成均館學錄吳漢相妾棄居務安守信, 隣有人要於路, 强脅奪節, 女曰 : "吾不能守節, 爲强暴所辱." 乃縊而死.

8_ 『조선왕조실록』 효종 5(1654)년 9월 18(甲辰)일 ·「태백사사고본」 영인본 35책 687면 ; ○平安道龍岡縣民玉男渰海死, 其妻托其乳兒於隣人, 遂自殺, 命旌其門.

9_ 『조선왕조실록』 현종 12(1671)년 1월 22(甲戌)일 ·「태백사사고본」 영인본 36책 686면 ; ○南部居故進士申彬後妻金姓人, 與申彬前妻所出第三子有楨陰奸, 事覺一時結項而死. 母子相奸, 乃綱常莫大之變, 而但男女兩人, 皆已自斃,

不得施正刑, 人莫不痛惋.

10_ 『조선왕조실록』 성종 5(1474)년 11월 21(壬申)일 · 「태백사사고본」 영인본 9책 167면 ; O江原道觀察使李封啓 : "原州人趙泰之女趙氏, 年二十七, 嫁生員曺仲良, 事舅姑甚謹, 未半歲, 仲良遘疾, 曺家惑於邪說, 還趙氏于其家. 仲良病革, 趙氏聞之而往, 則仲良已死成斂矣, 趙手自解斂, 抱屍一晝夜, 其臭穢不可近, 而趙猶不解抱, 粥飮不入口, 哭不絕聲, 凡十五日而還. … 黎明其母開戶視之, 宛然而坐, 初不料其死, 乃謂曰 : '夫婦誰無死別者? 何自苦乃爾?' 至晩更呼視之, 則乃以細布自經, 抱仲良婚書及生時所玩書數卷而死, 其家人驚痛, 并婚書書卷斂葬."

11_ 훗날 '여늬'라고 추론할 만한 근거는 나타나지만 이를 사실로 굳힐 단서는 아직 없다. 이에 관해서는 다음 자료 참조할 것. 조두진, 『능소화凌霄花 : 4백 년 전에 부친 편지』 (서울 : 위즈덤하우스, 2007), pp. 165-175.

12_ 당신 언제나 나에게 둘이 머리 희어지도록 살다가 함께 죽자 하시더니 어찌 나를 두고 당신 먼저 가시나요. 나와 어린 아이는 누구의 말을 듣고 어떻게 살라고 다 버리고 당신 먼저 가시나요. 당신 나에게 어떻게 마음을 가져왔고 나는 당신에게 어떻게 마음을 가져 왔었나요. 함께 누우면 언제나 나는 당신에게 말하곤 했지요. 여보, 다른

사람들도 우리처럼 서로 어여삐 여기고 사랑할까요. 남들도 정말 우리 같을까요. 어찌 그런 일들 생각하지도 않고 나를 버리고 먼저 가시나요. 당신을 여의고는 아무리 해도 나는 살 수 없어요. 빨리 당신에게 가고 싶어요. 나를 데려가 주세요. 당신을 향한 마음을 이승에서 잊을 수 없고 서러운 뜻 한이 없습니다. 마음 어디에 두고 자식 데리고 당신을 그리워하며 살 수 있을까 생각합니다. 이내 편지 보시고 내 꿈에 와서 자세히 말해 주세요. 당신 말을 자세히 듣고 싶어서 이렇게 글을 써서 넣어드립니다. 자세히 보시고 나에게 말해주세요. 당신 내 뱃속의 자식 낳으면 보고 말할 것 있다 하고 그렇게 가시니 뱃속의 자식 낳으면 누구를 아버지라 하라시는 거지요. 아무리 한들 내 마음 같겠습니까. 이런 슬픈 일이 또 있겠습니까. 당신은 한갓 그 곳에 가 계실 뿐이지만 아무리 한들 내 마음 같이 서럽겠습니까. 한도 없고 끝도 없어 다 못 쓰고 대강만 적습니다. 이 편지 자세히 보시고 내 꿈에 와서 당신 모습 자세히 보여 주시고 또 말해주세요. 나는 꿈에는 당신을 볼 수 있다고 믿고 있습니다. 몰래 와서 보여 주세요. 하고 싶은 말, 끝이 없어 이만 적습니다.

13_ 조두진(2007), 앞책, pp. 202-203.

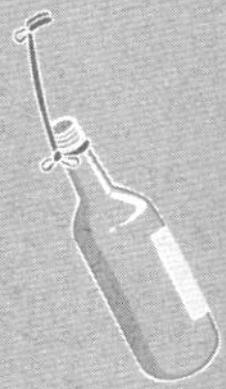

저들이 빛나자

우리의 그림자는 한층 두터워졌다. 웅성거리며 그 안에 기어든 식민의 자식들이 광채의 그물에 갇힐 때 아우라인 듯 보이던 그건 무너뜨리지 못할 제국의 환상과 신화로 거듭나고 있었다.

사랑하다 죽다

03_

기다리다 죽다 :
식민시대의 연정과 실연

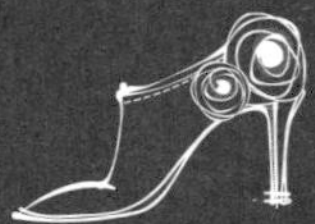

문화의 허기가 식민의 상처와 결합할 때 거기서 우러나는 의식의 열패감이란 예민한 사람들로선 죽음보다 깊은 부끄러움, 그것이었을 터다. 저들이 빛나자 우리의 그림자는 한층 두터워졌다. 웅성거리며 그 안에 기어든 식민의 자식들이 광채의 그물에 갇힐 때 아우라인 듯 보이던 그건 무너뜨리지 못할 제국의 환상과 신화로 거듭나고 있었다. 제아무리 그 허구를 엿볼 수 있었다 해도 밀려드는 왜색倭色과 미풍美風에 맞선다는 건 한참이나 무모한 과업이었다.

기다리다 죽다 :
식민시대의 연정과 실연

사랑마저 모더니티에 홀리는 동안 문학도 정치도 주눅들고 국가마저 역사적 피폐에 물들고 있었음을 왜 모르는 우리이겠는가. 그것도 하필 '식민의 시대'라는 암담한 터널을 거치며 말이다. 오죽하면 '연애의 시대'도 따로 있었던 양 생각하는 우리였을까. 그에 따라 정사의 조건도 덩달아 무르익는 줄 알았던 세월을 살아낸 게 지난 세기다.

사랑의 표현에도 극한의 눈치가 필요했고 만남과 이별에도 핑계가 분명해야만 했던 시대를 산 후예들의 역사적 보상치고 강점기 조선은 가혹했다. 왜 하필 나라를 잃고서야 사랑이 무엇이며 연애가 뭔지 더 또렷이 알게 되었을까? 이 같은 원론적 질문보다 고까운 건 암담한 세월에 겪는 이별과 실연은 어쩌자고 그렇지 않은 시절의 그것보다 훨씬 처연한지 궁금해질 때다.

그건 마치 어머니에게 야단맞고 돌부리에 채여 엎어져 입술만 아니라 무르팍까지 깨진 꼴이든지, 아니면 우는 아이 뺨까지 맞아 형용할 길 없는 설움과 통한에 메마른 하늘 쳐다보는 온갖 '어처구니없음'을 고스란히 암시한다. 인식과 감각의 보색補色효과, 즉 샛노란 바탕에 먹물 한 방울 떨어지면 더 도드라지며 선홍빛 꽃무덤에 초록 이파리 미치도록 튀어나는 이치와 그건 맞닿는 얘기일 것이리라.

원 없이 사랑할 세상이 온 듯 했지만 온전한 자유와 평등을 보장할 길 없는 정치적 기이함에 치떠는 일일랑 여전히 흔했다. 그건 일종의 문화적 허기 같은 것이었을 터다. 고픈데, 무지 고픈데 당장 채울 길은 없고 그렇다면 아직도 감각의 빈곤과 아쉬움에 젖어 살아야 하는 걸 당연한 일상으로 받아들이던 중 '무너진 왕조'란 그나마 차라리 잘된 추억이었을 것이다.

그러나 그래도 달라진 게 없는 세상이란 항간의 생각보다 이제는 달라지겠지 꿈꾸도록 채근採根하는 것이 더 괴로운 일상이었다. 신분의 제약도 없어지고 숨 막히는 유교 격식과 율법이라는 것도 예전만 같잖았던 건 그것만으로도 벌써 반가웠기 때문이다. 보기에 따라선 기대에 미치지 못하는 현실이 과거의 속박보다 한결 버겁고 되레 왕조의 족쇄가 어설픈 자유의 숨결보다 즐거운 고통이었을는지도 모른다.

그래도 자유의 기운은 누구도 말리지 못할 혁명 같은 숨결이었다. 좀체 맡지 못하여 미칠 것 같던 향내이거나 한번 누리면 결코 빠져나가지 못할 만화경 같은 것. 그것이 차라리 새로운 속박일지언정 모처럼 다가온 기회를 그저 쳐다만 보며 죽어갈 동포가 '그들'은 아니었다. 변해버린 세상 속에서 가없이 바라보며 꿈꿀 '새로움'의 경지가 어찌 남녀 사랑에만 국한될 일이었을까마는 누구에게든 희망의 상승은 숨 막히는 일이었다.

꿈같은 희망의 세월을 설레며 기다린 주체가, 아니 누가 더 그런 삶을 갈구했을지 거기서도 성별을 나누는 일은 부질없을까. 그럼에도 불구하고 왕조의 해체 이후 강점의 세월을 견뎌내는 우울한 나날들 속에서 여성들이 겪는 감동과 기대 과잉은 가히 격정과 흥분의 부피를 더할 수밖에 없었다. 억압의 강도가 강할수록 자유는 달고 핍박의 속내 진할수록 일탈욕구는 아득할 수밖에 없는 걸 어디 꼭 말로만 확인 가능할까.

'근대'란 말만 들어도 가슴 뛰고 게다가 '모던'이라고까지 빗대 부르면 한결 야릇해지기만 하던, 어쩌면 개념의 겉멋이란 당대로선 가혹한 일이 아니었다. 그 말 한마디면 마치 왕조의 구태는 홀연히 증발해 버리거나 이제 새 세상은 오롯이 나의 것이 되는 양 벅차오른 던 일들도 전혀 과장이나 환상은 아니었다는 얘기다. 그것도 여성들의 경우는 남성들보다 더한 열정과 감격에 겨웠으니까.

오죽하면 '신여성'이란 컨셉이 신기하기만 하고 이로써 자신들의 전근대가 홀연히 사라질 듯 들뜬 나날이 파도처럼 밀려온 강점기였을까. 김수진은 당대의 모던이 주는 압박과 인식의 불균형을 이렇게 압축한다.

> 식민지 조선의 신여성은 보편적 근대성의 지표이기보다 근대의 과잉을 재현한다. 우리가 당시의 재현물에서 발견하는 것은 근대성의 표현이 아니라 오히려 당대의 신지식층에 의해 '지각되고 체험된 근대성'의 표현이다. 신여성의 형상은 문명화 담론과 식민지 병합이 만들어낸 자기 부정의 트라우마에서 출발한 서구/일본 근대성을 향한 규범적 태도와 매혹됨, 그리고 강박적 모방의 욕망을 표현한다.[1]

식민지배가 이식한 주눅의 문화는 생각보다 위력적이었다. 감각과 의식의 전 영역에 걸쳐 파고든 위압의 기운은 안 그래도 부끄럽고 답답한 각자의 정치의식과는 또 다른 압도감을 돌이킬 수 없도록 각인한다. 이는 앞서 지적한 강점기 민중 보편의 과잉 기대나 기대상승 혁명과는 또 다른 심리적 기제를 낳는다.

'압도'나 '주눅'보다 이를 '매혹'으로 본 김수진은 신여성을 부정적 가치판단 대상으로 몰아가려는 당대의 기성세력에 주목한다. 그것은 가진 자들의 무의미한 탐닉이며 맹목의 모방이 주는 사회적 위화違和가 결코 문화 중심일 수는 없다는 익명의 집단적 우려와 서로 통하고 있었다. 하지만 기실 그 비판적 배격이 전부였다 말할 수 있을까. 진정 자신들도 탐닉하고프건만 오래도록 익숙지 않던 것들을 향한 두려움과 선뜻 다가서지 못하도록 잡아당긴 인습의 세월이 자신의 허위의식만 살찌웠을 뿐, 실은 '거절'과 '수용'의 경계선상에서 어정쩡한 방황만 일삼고 있었던 건 아닐까.

자탄과 눈치, 변명과 도피, 비난과 안주, 표류와 편승, 질투와 포폄, 자위와 자만, 외면과 관음. 그다지 권할 만한 심리상태도 아니며, 가능하다면 버려야 할 그것들이 게딱지처럼 인식의 바윗돌에 그렁그렁 들러붙던 일도 누굴 탓하고 말고 할 게 아니었을 것이다. 그것도 마음의 상태였지 일부러 만들고 지어낸 결과물이 아니었으니 말이다. 그리고 가뜩이나 부풀어 오르던 정치적 콤플렉스와 어차피 나란히 갈 기억의 어두운 상처였으니까.

하지만 우리에겐 없는 것이 저들에겐 있다는 문화의 '허기'가 식민의 '상처'와 결합할 때 거기서 우러나는 의식의 열패감劣敗感이란 예민한 사람들로선 죽음보다 깊은 부끄러움, '그것' 이었을 터다. 사실은 얼마 전부터 그러니까 우리보다 그리 오래되지도 않은 과거에 저 대단한 듯 보이는 근대를 문화로 누리고 의식으로 횡행하는 양 여기게 만든 저들의 저력이란 게 기왕의 군사적 우월주의와 눈을 맞출 때 자발적 패배주의의 위세도 그에 버금가라면 서러울 일이었다.

저들이 빛나자 우리의 그림자는 한층 두터워졌다. 웅성거리며 그 안에 기어든 식민의 자식들이 광채의 그물에 갇힐 때 아우라인 듯 보이던 그건 아예 무너뜨리지 못할 제국의 환상과 신화로 거듭나고 있었다. 왜소하면 할수록 당장 눈앞의 대상이 커져보이는 건 어쩌지 못할 이치였고 버리지 못할 과거가 되레 편안한 시절로 '되살아남'은 약자의 변으론 어차피 기막힌 출구 같은 것이었으리라.

이탈과 질주의 욕망으로 뒤쫓아 오는 '중세'와 치열한 전투

마저 마다치 않는 이들의 눈에 '근대'는 선망과 이상의 인프라로 작동하고 있었다. 엎어지고 몸부림쳐도 저만치 달려가는 근대는 상처 난 어느 집단의 무르팍이나 옆구리 따윈 사실 안중에도 없었다. 근대를 태동한 외세의 뒷심이 하필이면 군사력으로 무장한 정치폭력의 원색성 외에 '별 것' 아니었음을 식민의 시대에 왜 모두는 몰랐던 걸까.

제아무리 그 속내의 허구를 엿볼 수 있었다 해도 밀려드는 왜색倭色과 미풍美風[2]에 맞서 대든다는 건 무모해도 한참 무모한 과업이었다. 절대지존의 경지를 함부로 내어줄 그들도 아니었고 자본주의니 제국주의니 하는 것들이 피식민지 백성들로선 임의 재단할 대상도 아니었다는 점에서 오늘날 편히 부르는 '비애'니 '비극'이니 하는 것들도 당시로선 실감나지 않는 개념이었다. 단지 부럽고 안타까우며 어쩌면 영영 범접치 못할 아득한 오브제가 그것들이었을는지 모른다.

단발머리, 뾰족구두, 코티 분粉, 립스틱, 화장품, 패션, 스커트, 원피스, 미장원, 목욕탕, 육교, 정미소, 지하도, 자동차, 기선, 항구, 철도, 기차, 빌딩, 비행기, 카페, 공중전화 … . 브기도 처음이며 쓰기는 더더욱 난생 처음인 물건들을 고상하니 문명이라 부르는 일은 그렇다 쳐도 이 같은 감각의 전율에 남성보다 여성들이 몇 수 위 앞서 예민한 일들도 세상은 그냥 지나치지 않으려 했던 것이다.

비평가들은 '모던걸'을 화두로 하여 서양의 물질, 육체성을 정신의 부재와 타락 및 퇴폐와 등치시켰다. 이러한 논의는 아메리카니즘에 대한 단순한 반대이기보다 오히려 모방의 불완전성을 인식함이고 그 불완전성에 대한 불안감의 발로로 보인다. 일본에서 모던걸과 '모던' 현상은 신중간층의 대중문화적 현상이었지만 식민지 조선에서 그것은 부르주아의 자식과 유녀층이 따라하는 퇴폐적 현상이며 겉치레만 따라하는 어설픈 모방, 불완전한 모방으로 읽힌다. 경제적 빈곤과 중간층의 빈약이라는 조건에서 원산지 근대성에 대한 정보와 지식, 이미지와 소리들은 '모호함, 단편성, 피상성, 시간적 지체, 부정확성, 불연속성/일회성'이 되기 때문이다. 하지만 동시에 이 모호하고 피상적이고 단편적이며 부정확한 이미지와 소리들의 표현에서 우리가 발견하는 것은 그것을 오감으로 포착하고 그것을 되풀이해서 표현한 매혹됨의 흔적이다.[3]

외래어로서 '모더니티'의 강제 이식은 물론 온갖 감각적 허영을 자극하는 물질도 상품과 유행이란 이름을 빌려 맹렬하게 약진하고 있었다.[4] 그 흐름 어딘가에, 아니 앞서든 뒤처지든 관계없이 연애라는 사람 들뜨게 할 단어도 근대와 함께 스며들고 있었다. 이제는 눈치보지 않고 더러는 뒤돌아보기도 하면서 물리지 못할 도도함의 물결을 나라 전체로 휘감으며 선남선녀의 뇌리와 흉중은 어느덧 연애로 사로잡힐 기세였다.

그것이 불러올 비난과 백안白眼의 메아리쯤이야 각오해야 할 문제의 편린 아니면 주변이었을 뿐, 그렇다고 연애 그 자체를 외면·배격해야 할 진정한 까닭은 되지 못하던 터다. 하지만 여기서 새삼 따져봐야 할 문제는 강점기에 이르자 비로소 '연애'가 대중의 보편적 관심사가 되었던 것인지를 둘러싼 발생론적 회의가 그 하나다. 다음으로는 설령 그랬다 쳐도 그게 (정녕 위의 해석처럼) 외세의 진입으로 인한 충격적 외삽의 결과였던 것인지가 두 번째 논의 대상일 것이다.

사랑의 파급과 그 사회적 절감切感 문제를 따질 때에도 국가의 경계는 엄연한 걸까. '해방 전후'의 한국 현대사 전개에서 일본과 미국의 존재가 막강했음이야 재론의 여지가 없다. 게다가 그들이 입히고 끼친 '해악' 혹은 '이바지'에 관하여 여기서 사회과학적 가치판단까지 거듭할 필요는 느끼지 않는다. 다만 남녀

간 애정표현과 견디지 못할 연정의 처리에서 타자의 존재를 의식(혹은 무의식)하는 문화변동의 기류가 과연 그처럼 두 번에 걸친 역사의 폭력적 전환과 직접 관련이 있는지 궁금할 따름이다.

이를 과학적으로 탐색·여과할 얼개나 추적할 장치도 기대하기 힘든 게 사실이다. 아울러 눈여겨 보아야 할 주제는 계속 파생한다. 세상이 바뀌어도 결코 줄지 않는 정사 인구의 존치는 어떻게 이해해야 할까. 만일 정사 현상도 앞서 지적한 '내재적 발생'이 아닌 외삽과 바깥 문화의 인입引入에 따른 결과물로 이해해야 한다면 연애의 좌절과 사랑의 막힘을 죽음으로 푸는 과업 역시 오로지 근대의 전유물이었다고 보아야 하는 걸까.

'정사'가 근대에 이르러 발아한 정념의 자기 계몽적 표현이거나 그보다 한층 용감한 반이성적 일탈형식의 저항이라고 보더라도 그것이 외부 파급에 의한 역사의 예외 현상이었다는 증거는 사실 약하다. 하물며 후기 조선사회에서 흔하게 반복하던 열행이 이제 더 이상 눈에 띄지 않는 까닭이나 나아가 훨씬 엽기적이고 살벌한 '죽음'과 '죽임'의 형식이 분화·발전하는 이유도 우리는 분명히 끌어내지 못하는 실정이다.

간헐적으로 이어지는 자기 희생적 죽음과 지속적인 자살은 물론 치정과 살인까지 마다않는 세상은 일본이 지배하는 강점기라 하여 더하거나 덜할 문제가 아니었다. 뿐만 아니라 불륜은 고사하고 이룰 수 없는 사랑조차 한사코 이루겠다며 세상 눈길일랑 홀연히 내쳐버리는 비일상적 야반도주夜半逃走마저 기꺼이 일어나는 세상 꼬투리를 제국주의니 강점의 세월 따위에서 찾는 건 구차스럽지 않을까.

제국주의나 군사주의야 마뜩치 않았겠으나 사랑은 늘 사랑으로 뜨겁고 저절로 푸르른, 그리고 절박하기만 한 당사자들의 과업이었을 것이다. 그러다 막히면 스스로 죽거나, 가없이 절망하면 끝내 서로를 죽이거나 같이 떠나는 독한 여정도 마다치 않았던 것이다. 인구의 편차는 감안해야 하겠으되 이 같은 일들은 왕조국가에서도 발생하곤 했다. 그러나 변해버린 상황을 탓하자면 그 같은 변화를 이끈 구조적 동인이 모든 걸 결정 · 견인했다는 해석도 무리는 아닐 터이다. 그럼에도 불구하고 상황의 '조성'과 정작 만들어진 그 속에서 움직이는 인간들의 삶의 '동기'는 전혀 별개일 수밖에 없었다.

연애의 외인론과 정사의 현상이 문화적으로 비례하거나 긴밀한 상관관계를 지니는지 여부와 관계없이 세상에 도드라지기 시작한 건 3 · 1운동 이후였다. 본격화하는 극한의 자기 부정과 연정의 기꺼운 표출[5]이 언론과 입소문으로 번지는 가운데 좀체

'저지를' 일들은 아니겠으되 사연의 곡절들이란 때로 과장되면서 의도치 않은 전염의 물결을 탄다.

1920-1930년대의 암울한 시대상을 이 같은 자기 부정성과 연결하려 함도 결국은 타자의 시선에서 비롯되는 문제일 터다. 나라 잃고 모국어를 쓰지 못하는 삶이 맺지 못할 님과의 인연마저 한결 처연하게 만들 수는 있었으리라. 그러나 원인遠因으로 본질을 상쇄함은 결코 온당치 않은 일임을 어디 꼭 말로 확인할 일일까. 절절한 사랑으로 가슴 미어지며 맺지 못할 상황의 기구함이 죽음마저 불사하는 가혹함이란 당대의 보는 이들이나 훨씬 이후의 인사들에게나 슬프긴 매일반이리라.

그 자체만으로도 '아름답다'는 건 '겪고 치르는' 당사자들을 어느 발치에서든 바라보는 이들의 몫임이 분명했다. 그 일이 하필 근대의 문이 힘겹게 열린 다음에야 가능했다든지, 그 열림의 상태를 지탱한 모더니티가 자신들을 붙잡아 맨 힘의 실질이었는지 여부도 '그들'에겐 급하지 않았다. 잠시라도 더 같이 있고 싶고 떨어지면 되붙고 싶은 연정의 절박만이 눈과 가슴을 사로잡았다는 표현이 한층 옳았을 것이다.

이승을 홀연히 떠나며 속내의 깊은 처지를 샅샅이 밝히려들거나 이를 과학으로까지 변명하려는 경우는 거의 기대하기 힘들었다. 유서라는 형식을 빌려 뭔가 절절한 마음 한 구석이라도 남기거나 최소한 세상에 암시라도 하려는 경우를 배제할 순 없었지만 살아갈 날들이 푸르고 또 푸르도록 남아 있는 자들이 자신의 의지로 기꺼이 삶을 버리려 함은 세상 용서 구할 일이 아니었다.[6]

1934년, 이광수는 연애에 실패하여 자살하는 것에 대해 이렇게 비판한다.

> 누구를 사랑할 때에 생명을 바쳐야 한다는 것은 책망할 수 없는 순정이다. 그러나 그 사랑이 깨어질 때에 곧 제 생명을 끊어버리는 것은 잘못된 인생관이다. 개인의 사회적 부재라는 중대한 책무감을 무시한 용서할 수 없는 범죄다. 개인은 개인의 것이 아니다. 개인은 가족의 것이요, 사회의 것이요. 자의로 제 생명을 끊는 것은 이기주의 밖에는 아무것도 아니다.[7]

뿐만 아니라 그는 자기 작품, 「그 여자의 일생」에서 사랑이 유물론적 사고의 대상일 수 없으며 그리거나 만질 만한 형상과 질료의 오브제가 아니라는 걸 기어이 계몽하려 든다. 구태여 뜯어보자면 구체적 상대나 어떤 존재를 향한 마음의 상태일 뿐 그것이 입체성도 색채의 속성도 '지닐 수 없는' 추상의 조건임을 은근히

학습시키려 한다. 누구의, 누구를 향한 그 무엇일 뿐 그게 뭔지는 알 수도 없고 알려 하지도 말아야 할 '것'으로 말이다.

> 무엇이나 다 그렇지마는, 원체 사랑이란 것은 있는 것이 아니어든. 누구의 사랑 – 그도 어느 때 누구에게 대한 사랑이란 것이 있지, 사랑 그 물건이란 것은 없단 말야.[8]

당대 문학의 최고봉이 그렇다면 그런 줄 알아야 할 맹목의 가능성도 열어두어야 했을 것이다. 하지만 문제는 따로 있었다. 사랑의 이름으로 자행하는 자살과 누가 봐도 정사임이 분명한 사단들은 잦아들지 않았기 때문이다. 떨어지는 꽃잎들이 연분홍 벚꽃이든 붉은 장미든 쌓이는 사연들은 세상 이런 염려 따위 일랑 고스란히 배격하고 있었기 때문이다. 그의 이 같은 우려가 제아무리 당대 조선사회의 보수성을 대변하는 의식의 평균값이었다 해도 정사라는 자살형식은 신여성을 두고 앞서 지적한 비판이나 경계와 또 다른 경외감을 세상에 심는다. 말로든 글로든 명확한 규정이 가능하지 않은 채로.

그만큼 '신여성'은 계층과 신분을 지칭하는 개념이 아니라 의식수준과 행태의 파격을 함축하는 단어였다. 바꿔 말해 '아무나' 꿈꿀 순 있어도 '누구나' 되긴 힘든 존재였다. 케케묵은 생각의 끝자락이 때로 저만치 달려가는 근대의 허영과 접목할 때 아무도 위로해 주지 않는 삶이란 홀로 달래며 인습의 지뢰밭을 뛰어넘어야 하는 들짐승 처지나 진배없었으리라.

그러나 오해는 말자. 자살과 정사 현장에서 한껏 자유롭고 이승의 일탈작업이 어느 누구보다 기꺼워야만 신여성이었을 것이라고 단정하는 그 일 말이다. 쉽게 떠날 수 있어 신여성이었던 게 아니다. 자발적 죽음을 생각하며 세상의 족쇄나 불편한 시선을 끊어버릴 만큼 인식의 도도함을 홀로 지탱할 수 있어 신여성이라 말할 수 있었던 것이다. 자살이나 정사가 모든 걸 말해주는 건 아니로되 그만큼의 용기와 자유가 좀체 쉬운 모방이나 추종을 허할 수 없던 단호함도 달라진 세상 관심을 끈다.

그것은 허무하게 무너진 왕조의 뒤안길을 밟으며 홀로 자위해 버리고 마는 도피행각도 아니고 알아주는 이 없건만 한사코 절규의 파편이나마 남기려 발버둥친 과시의 몸짓도 아니란 점에서 관찰의 냉정을 기할 일이다. 어쩌면 언어의 꾸밈과 속절없는 구사가 욕된 수식이나 덧칠밖에 되지 않을 일임을 잘 알면서도 그러나 우리가 먼저 간 저들 앞에서 최소한의 숙연함이나마 견지해야 할 까닭은 오갈 데 없는 자들의 도발적 자해가 주는 정치적 고백

형식이 너무나 순수하고 아련하기 때문 아닐까.

유명해도 너무나 유명하여 이제는 식상하기까지 한 강점기 정사의 주역들은 자기 사연들을 세상에 알린 지 오래다. 그렇다고 죽음과 이별의 속내를 온전히 드러내는 경우란 드물었다는 점에서 '떠남'의 포퓰래리티와 그네들의 존재감은 극명히 대비된다.[9] 사람들은 서로 어울리지 않는 듯 보이는 커플들의 연애사와 궁극에는 엇갈리는 사연 앞에서 기이한 연민과 상상의 동일시 효과를 확인하곤 한다.

부호의 아들과 기생, 교수와 여 제자, 유부남과 처녀, 카페 여급과 청년의사 등 혼외 남녀가 일상의 불륜을 넘어 세상의 축복과 인정받지 못할 사랑[10] 때문에 괴로워하는 일은 이미 널리 알려져 있다. 그 같은 일들이 봇물 터지듯 강점기 세상의 관심을 끈 건 사랑의 감정이 인습으로도 막지 못할 역사적 한계에 다다랐음을 극명하게 반증한다.

보기에 따라 그것은 더 이상 억제하기 힘든 연정과 그 표현 기제가 역사의 새로운 출구를 만나자 분화·파열하는 모습일 수 있었다. 아울러 억압과 구속의 정치문화도 인간의 자유의지를 봉쇄하기란 극히 어렵다는 사실을 온전히 증명한다. 하지만 맺어지지 못하여 끝내 자살하거나 도주의 삶을 무릅쓰는 일들을 놓고 사람들은 충격과 부러움 아니면 가식적 비난이나 감정적 돌팔매 사이에서 비교적 복잡한 자세를 취한다.

부러움이라곤 하나 그걸 곧이곧대로 드러낼 순 없는 노릇이었고, 일종의 뒤집어진 칭찬 아니면 호기심어린 질투라고 보는 편이 옳았을 것이다. 세인世人들의 생각이란 연애 또한 식민의 시대를 주관한 종주국의 산물 아니면 그곳서 들여온 수입품이었다는 해석이 대부분이다. 정사도 표면적으론 일본의 영향과 모방의 흔적을 엿보였지만 우선은 생소하게 받아들이고 있었다. 아울러 앞서 지적한 춘원의 경우처럼 지식인들로부터 강력한 반발과 비난의 담론을 양산한다는 점에서 일본과 달랐다.[11]

여기서는 다양한 강점기 정사형식 가운데 대표적인 '투신자살'을 살핀다. 세상의 뜨거운 관심을 한몸에 받은 윤심덕은 기실 죽어서 더 유명해진다. 같이 죽은 김우진은 억울할지 모르나 사랑과 죽음 앞에 당당하기론 윤심덕이 앞섰고 그 용기와 단호함으로 1920년대 정사의 정치학을 이끈다는 데 이론의 여지는 없다. 그도 그럴 것이 정사의 순간까지도 '윤'은 미혼이었고 '김'은 부호의 아들이자 처자 있는 몸으로 세상 속박으로부터 한결 자유로울 수 없었기 때문이다.

강점기 상열지사相悅之事의 일상적 반복이나 전래적 '곱씹음'

은 이제 식상하다. 우리에게 필요한 건 이야기의 역사적 인프라나 사건의 전후맥락을 편년체로 추론하는 일이 아니라, 그네들의 당대 심경이나 절박함을 가급적 그들 자신의 입장에서 상상하고 이해하는 일이다. 그리고 이를 위한 해석의 새로운 대안을 찾는 일일 것이다. 여기서는 이에 최대한 근접하기 위해 인문학적 준거로 남겨진 문학작품과 1차 자료를 토대로 이를 재구성한다. 특히 당대를 가장 사실성 있게 묘파한 소설과 김우진 자신의 부분적 육성을 바탕으로 이에 다가선다.

윤심덕이 김우진만의 사랑을 받지 않고 주변 뭇 남성들의 선망의 대상이었음은 그다지 널리 알려져 있지 않다. 당대 예인들 가운데 홍난파와 채동선, 박정식 등이 그 대표였다. 난파의 오랜 연모가 건설적 우정으로 발전하는 것과 달리 화가 박정식이 상사병을 이기지 못해 끝내 정신이상으로 발전함은 윤심덕이 김우진과 동반투신하는 훗날의 사건에 늘 묻혀버리는 편이다.

윤심덕을 소재로 삼은 희귀한 국내 영화작품[12]으로 『사의 찬미』는 아예 박정식의 자살 장면까지 진솔히 묘사할 정도다. 그렇다 한들 (실제로는 상사병에 걸린 박정식이 정신병원에서 자살을 한다지만) 자기를 그린 작품들로 가득한 스튜디오에서 미쳐가는 그를 두고 연민에 빠질 윤심덕은 아니었다. 남도 죽이고 자기도 죽을 운명이었지만 자기가 좋아하지도 않는 위인이 구태여 목숨을 끊거나 미쳐가고 있다 하여 사랑을 무슨 동정이나 구걸의 답변쯤 여길 여성은 아니었기 때문이다.

어느 상황이든 그것은 굳이 실화나 자료의 엄정성만으로 모조리 이해할 수 없다. 상상과 인식의 탄력을 위해서는 되레 주변 인문학의 지원과 개념의 차용이 보탬이 되는 경우가 허다하다는 데 별다른 사족은 필요치 않다. '그런 일'이 '있었다'는 단순한 사실 확인보다 상황의 극적 전달 장치가 헤아림의 입체성을 더할 때 역사는 비로소 모두의 곁에 한 발 가까이 다가갈 것이기 때문이다.

김호선이 감독한 『사의 찬미』는 정사의 현장성과 그 심리적 배경을 강화한다. 물론 거기에는 사실을 재구再構하려는 작가적 상상이 개입하고 이를 통한 수용자의 감각적 여유가 필요하지만 감독은 그들 두 사람이 한낱 육욕과 정념에만 사로잡혀 서로를 탐한 즉발적 본능의 화신이 아니었음을 강조하는 데 상당부분을 할애한다.

죽음을 앞둔 두 사람의 다음 극중 대사는 이를 잘 증명한다. 이제는 돌이킬 수 없는 상황을 절감한 '우진'이었으나 그렇다고 이성을 아예 망각해 버린 '그'도 아니었다. 그것이 물론 그들의 최후를 늦추거나 아예 방어할 만큼 튼실한 건 아니었지만 말이다. 느닷없이 냉정을 되찾다가 그는 다시 사정없이 무너져 내린다. 그래서 그들에게 사랑은 '힘'이자 '짐'이었다.

김우진 : 잠깐 앉으시오. 집에 돌아가 있는 게 좋겠소.

윤심덕 : 무슨 말이에요?

김우진 : 당신을 위해서요. 그리고 당신이 나에 대해 모든 걸 알아야 한다고 생각진 마시오. 우린 서로의 일이 다르오. 그건 각자가 책임을 져야 하는 거구, 어려움을 나눌 순 없는 거요.

윤심덕 : 그래요? 난, 적어도 우리는 서로를 이해하는 동반자라고 생각해 왔어요. 난 당신의 아내가 되려는 것도 아니고 뭘 기대하고 사는 첩도 정부도 아니에요. 그런데 우진씨는 자기 자신의 문제만 생각하고 있군요. 알았어요. 혼자 있게 해드리죠.

김우진 : 미안하오. 미안해. 당신한테 화내려던 게 아니었소.(… 다만 어둡고 차가운 공허만 있다. 나는 나에게 기대고 있는 그대 차가운 이마를 느끼고 있다. 우린 우리의 인생에서 고통스런 육체밖엔 갖고 있지 않다. 그것은 모든 종말의 종말이고…)

윤심덕에게 사랑은 그렇다면 대단한 컨셉이 아니었다. 늘 같이 있고픈, 좀 더 고상하게 표현하여 '항구적 공존' 조건이자 원인쯤으로 이해할 터였다. 그러나 처자 있는 1920년대 조선 최고의 표현주의 극작가가 부딪쳐야 할 사회현실은 녹록치 않았다. 제아무리 둘만의 고즈넉한 시간과 공간의 포근함을 만끽하려 했어도 세인들의 눈에 그건 한낱 용서받지 못할 불륜의 나날이자 기껏 퇴폐의 극한으로 비칠 일이었다.[13]

재주 많은 윤심덕이 가수만으로 삶의 맥을 이을 리 없었음은 짧지만 고단했던 삶의 구비를 잘 말해준다. 궁극에는 죽음이 아름답고 더 나아가 기려야 할 과업인 양 역설의 미학을 부르짖으려 들 때 '연극'은 끼 많은 그녀의 나날을 사로잡던 시대의 새로운 예술 장르였다. 그 같은 여정의 변화에 김우진이 불을 붙였음은 물론이다.

하지만 연극배우의 길마저 실패로 끝나고 말자 윤심덕은 절망감에 사로잡힌다. 고향 목포에서의 보수적 삶에 염증을 느낀 김우진이 아버지에게서 벗어나 가출을 감행, 도쿄로 건너가는 일은 당대의 선택으로선 안 그래도 마지막이었을 것이다. 말리고 달래려 들어도 어느덧 잠시라도 떨어져 있기 싫었던 둘이 하나가 되는 것도 당연했을 터다.

심덕과 우진이 정확히 언제 투신자살을 결심했는지는 묘연하다. 사랑은 곧 저들의 개인사였지 공동체 전체가 달려들 가슴 벅찬 관심사는 아니었기 때문이다. 게다가 시대의 핍박이 행여 그들의 자기부정과 염세의 기운을 강화시켰는지 여부도 꼼꼼히 따져보긴 어렵다. 이승마저 떠나려는 그들의 눈에 들어오는 존재란 오직 상대뿐이었던 까닭이다. 하여, 그 즈음 두 사람을 둘러싼 상황과 이를 이끈 기운의 여백이라도 찾을 길이 있다면 그 가능성에 눈길을 모을 일이리라.

도피였든 안주였든 우진이 일본을 향했던 이유나 이내 그를 보려 달려온 심덕의 심층심리가 한사코 같을 순 없었을 것이다. 하지만 속내와 외양의 불일치를 통해 심덕을 향한 표현의 거리감을 늘 무릅쓴 우진의 태도란 과감한 동반자살과는 거리가 멀었다.

김우진 : 당신?

윤심덕 : … 그래요.

김우진 : 당신 여기 왜 왔소? 당신 오지 말았어야 해.

윤심덕 : 얼마나 찾았는지 알아요? 당신 모습이 왜 이렇게 됐어요? 왜 이러고 있어요?

김우진 : 세상과 인연을 끊고 산다는 건 생각처럼 쉬운 건 아니

군. 당신은 당신대로 잘 살길 바랬소. 미안하오. 돌아가시오.

윤심덕 : 이렇게 변하는군요. 결국 당신도 불쌍한 패배자의 모습이군요. 말해봐요. 세상을 등지고 언제까지 살 수 있을 것 같아요? 당신이 왜 이래야 돼요? 당신 믿고 기다리던 내 생각, 내 생각은 안 해 봤어요?

김우진 : 난 이미 모든 희망을 버렸소. 난 허수아비에 불과했지. 쓰러진 가문에 목을 매는 가족에게도 허수아비였던 거요. 당신에게 실망을 줘서 정말 미안하오. 어쩌면 당신이나 나나 시대를 잘못 타고 태어난 사람들인지도 모르겠소.

윤심덕 : 아니에요, 아직은 아니에요. 우리 이렇게 끝내지 말아요. 억울하지 않아요? 난 억울해요. 난 무릎 꿇기 싫어요. 처음부터, 우리 처음부터 다시 시작해요. 난 당신 일으켜 세울 거에요. 함께 시작해요. 당신을 더 이상 떠나보내진 않을 거에요.

김우진 : 옷을 입어요. 떠납시다.

윤심덕 : 그래요.

김우진 : 우리 더 함께 할 것이 남아 있소? 사랑하오.

윤심덕 : 사랑해, 사랑해요.

영화가 연출하는 두 사람의 심경변화는 물론 작가의 상상과 유추를 토대로 삼는다. 그러나 있음직한 추론과 그럴듯한 설정의 연장은 현실과 허구의 경계를 녹여버릴 가능성을 키운다. 급기야 1926년 8월 한여름 밤, 둘은 바다에 빠진다. 누가 먼저라 할 것도 없이. 시신을 건지지 못했다는 이유 하나만으로 둘의 투신은 정사도 익사도 아닌 애매한 죽음으로 일방 처리되는 경우도 있다. 어떻게든 살아남아 다른 나라에서 둘이 삶을 영위했다는 근거 없는 풍문도 나돈 게 사실이다.

하지만 당대의 정황은 끝내 동반자살로 굳히기에 매우 구체적이다. 훗날의 엉뚱한 소문은 전날까지 보인 둘의 사연과 사실적 과거를 바탕으로 삼을 때 신빙성이 덜하다. 1926년 8월 5일자 《동아일보》 사회면에 실린 기사의 내막은 이렇다.

지난 3일 밤 11시에 시모노세키를 떠나 부산으로 항해하던 관부연락선 도쿠주마루가 4일 오전 4시경 쓰시마 섬 옆을 지날 즈음

양장을 한 여자 한 명과 중년 신사 한 명이 서로 껴안고 갑판에서 돌연히 바다에 몸을 던져 자살했는데 즉시 배를 멈추고 부근을 수색했으나 종적을 찾지 못했다. 승객명부에 남자는 전남 목포부 북교동 김수산(30세), 여자는 경성부 서대문정 2정목 273번지 윤수선(30세)이라고 씌어 있지만 본명이 아니고 남자는 김우진, 여자는 윤심덕으로 밝혀졌다. 관부연락선에서 조선 사람이 정사한 것은 이번이 처음이다.[14]

비겁한 야반도주나 은밀한 잠행 가능성을 크게 줄이는 또 하나의 증거는 사건 한 달 전에 치른 음반 취입이다. 저 유명한 「사의 찬미」 리코딩이 그것이다. 1926년 7월, 윤심덕은 일본 오사카의 닛토 레코드 회사에서 음반 취입을 의뢰받고 일본으로 건너간다. 그녀의 여동생 윤성덕이 마침 미국 유학길에 오르는 도중 윤심덕과 동행한다. 리코딩을 마친 8월 1일, 심덕은 음반사 사장에게 한 곡 더 녹음하고 싶다며 별도로 청한다.

곡은 요시프 이바노비치Iosif Ivanovich의 「다뉴브 강의 잔물결Donauwellen Walzer」을 번안한 것으로 한국어 가사는 윤심덕이 썼다. 동생 성덕이 반주한 것으로 유명한 「사의 찬미」 가사를 따라가 보자.

광막한 광야에 달리는 인생아
너의 가는 곳 그 어데이냐
쓸쓸한 세상 적막한 고해苦海에
너는 무엇을 찾으러 하느냐
(후렴) 눈물로 된 이 세상에 나 죽으면 고만일까
행복 찾는 인생들아 너 찾는 것 허무

웃는 저 꽃과 우는 저 새들이
그 운명이 모두 다 같구나
삶에 열중한 가련한 인생아
너는 칼 위에 춤추는 자도다
(후렴) 눈물로 된 이 세상에 나 죽으면 고만일까
행복 찾는 인생들아 너 찾는 것 허무

허영에 빠져 날뛰는 인생아
너 속였음을 네가 아느느냐
세상에 것은 너에게 허무니
너 죽은 후는 모두 다 없도다
(후렴) 눈물로 된 이 세상에 나 죽으면 고만일까

행복 찾는 인생들아 너 찾는 것 허무[15]

오재호의 작품에 따르면 증거는 훨씬 구체적이다. 문학적 흥미 동원을 위해 그가 얼마나 각색했는지는 물론 감안해야 할 것이다. 하지만 허구의 논리가 단순한 상상이나 결과론적 합리화를 위해 한낱 '끼워 맞춘' 이야기가 아님은 자료로 보강이 가능하다. 여기 나타난 그들의 유언은 세속의 책임이나 일상의 의리 혹은 가족의 신뢰 따위와는 물론 거리가 먼, 극도의 이고이즘을 바탕에 두지만 말이다.

작가는 이렇게 말한다.

> 이들의 정사를 상세히 보도한 신문은 다시 윤심덕이 선장에게 냈다는 유서도 싣고 있었다. "선장님! 이런 글월을 드리게 된 것을 마음 아프게 생각하며 선장님을 비롯해서 선원과 선객 여러분께 더할 나위 없이 송구스러운 마음이 앞섭니다. 마지막으로 가는 길에 구차스런 부탁입니다만 저희가 가지고 있던 모든 물건들은 불태워 주시고 저희 집에 제가 자살한 것을 알려주십시오. 자살한 이유는 단순히 비관자살이라고 전해주시면 감사하겠습니다." 참으로 어처구니없는 유서였고 허무한 유서내용이었

다. 그리고 이 신문은 마지막으로 김우진이 자기 동생에게 보내는 유서를 싣고 있었다. “아우 보아라. 이 못난 형은 먼저 떠난다. 세상에 태어나 좋은 일 단 한 가지도 못한 채 불효만 남기고 떠난다. 그러나 나는 이것이 참되게 사는 길임을 믿기에 모든 것을 청산하고 훌훌히 떠난다. 아무쪼록 가내에 행운이 있길 비는 바이며 내 자녀들의 교육은 네가 책임지기 바란다.”[16]

투박하고 무책임한, 그러나 이제는 어쩌지 못할 패배감에 사로잡힌 서로의 무기력은 사실로 예견되고 있었다. 죽기 나흘 전에 남겼다는 우진의 일기는 정사의 단초를 암시하는 거의 마지막 글로 추정된다. 다른 무엇보다도 그는 자신(들)에게 다가올 세상의 오해가 가장 두려웠던 모양이다. 제아무리 '저희의 사랑'을 '진정한 사랑'이라 변명해도 믿지 않고 도무지 제대로 들어주려 하지 않는 사회적 군상들이 하필 죽음에 임박하여 떠올랐음은 '두 사람'을 어쩌지 못할 정치적 약자로 이해할 충분한 단서가 되리라.

서연호徐淵昊가 해제한 김우진의 죽기 직전 일기를 보면 이 같은 증세는 선명하다. 이는 젊은 나이에 그가 남긴 적잖은 작품들과 육필 원고 가운데 매우 함축적인 구절로 강한 여운을 더한다. 뜨겁게 갈구하고 애절히 당길 땐 오직 님만 보던 남자는 먼 길 떠날 즈음 세상을 의식하고 사회의 뭇 존재들을 새삼 생각한다.

김우진의 일기는 「마음의 자취心の跡」라 題한 한 권의 노트로 남아 있다. 표지에 「卷 16(vol. 16), 1919年, 東京在學時」라 기록된 것으로 미루어 이전부터 계속 일기를 적어 왔음을 알 수 있고 그 이전의 일기는 어떤 경위로든 소실된 것으로 보인다. 일기장에는 다음과 같은 기록이 있어 특별히 우리의 주목을 끌게 한다.

> 나는 내 이외 사람들의 욕이나 춤이나 매를 무서워하지 않는다. 다만 忿한 것은 만일의 '誤解'뿐이다. 이 기록의 단편들이 이것만을 피해 쥬게 하는데 참고가 되면!
>
> 1926. 7. 31
>
> 益鎭, 抱石, 海星에게

이상은 일종의 유언에 해당된다. 동생인 익진과 평소의 절친한 친구였던 趙明熙와 洪海星에게 이 일기장을 남겨주면서 자신의 최후에 대한 만일의 '오해'에 대비한 것이다. 투신하기 4일 전에

동경을 떠나면서 남긴 글이다.[17]

가족에 대한 송구함과 인습적 의무의 최소치나마 연연戀戀할 '그'였다면 이 같은 자세를 취하진 않았으리라. 인습과 파격의 갈림길에서 정녕 괴로움의 골이 깊기만 했다면 죽음의 결행은 늦춰지거나 끝내 실패했을지도 모른다. 정사가 한낱 숙고와 심사의 대상이 아니라, 결국 지독한 이기와 용서받지 못할 원색적 탐욕의 봉우리에서 치러지는 고결한 탈주의식이란 해석도 여기서 가능할 것이다.

강점기 조선사회가 받아들이기 힘들었던 건 두 사람의 정사뿐이 아니었다. 오갈 데 없는 식민지 백성들이 늦게나마 감정을 토로하고 정치적 위로를 일삼기엔 그가 생각한 신극운동과 시민극 구상 역시 너무 앞선 셈이다.[18] 표현주의 연극미학이 나라 없는 백성들에게 뭔가 일깨우려는 그 교훈적 계몽[19]이라는 게 도무지 만만한 일이 아니고, 굳이 모더니즘이니 근대니 내세우지 않고도 사람들 가슴 하나하나에 깊은 울림을 아로새기기[20]엔 김우진 자신도 역부족임을 절감했던 터였으니 말이다. 더욱이 그 예술적 대안과 고즈넉한 문화의 영토가 연극(이란 이름)의 장場으로 뒤덮여야 하리란 대목[21]에 이를라치면 한층 도드라지는 민중의 한계이기도 했다.

오죽하면 그나마 믿을 사람이라곤 (심덕을 빼고 나면) 부친도 부인도 아닌 동생 익진과 「낙동강」의 작가, 포석抱石 조명희趙明熙 그리고 1930년대 극예술연구회와 동양극장의 중심이었던 홍해성洪海星 셋뿐이었을까.[22] 서른도 미처 살지 못하였으되(1897-1926) 부피로는 버거울 만큼 글을 남긴 그가 끝내 사랑의 벽 앞에 이르러 무참히 무너져내린 삶이란 그래서 바로 한 편의 드라마였을 것이다.

보상도 바람도 별달리 구하지 않고 그저 단순한 '살붙임'만이 사랑의 청구요건이라면 저들의 투신도 복잡하게 생각할 까닭은 더 없다. 연정을 공유하는 이들끼리 물리적으로 항존하려는 의식의 밑바탕이자 한사코 상호 격리와 이탈을 배격하는 행위[23]의 원천이 사랑이라면 더더욱 말이다. 그리할 것이라면 서로를 죽이거나 아예 사라져(죽어) 버림이 한층 옳기 때문이다. 이 같은 생각 자체를 '일탈'이니 '범죄'니 아니면 '패덕悖德'의 불손한 원인쯤으로 이해하려는 건 적어도 사랑 그 자체에 대한 기본 예의가 아닐 것이다.

희망 없으면 두려움도 없는 법No Hope, No Fear. 더 이상 가망 없는 관계란 뭘까. 그래도 사랑하는 일을 그만두지 못한다면 그때 둘이 저지를 수 있는 마지막 과업은 또 무엇이려나. 엮어지지 못하여 슬프고 더 오래 같이 있지 못하여 가련한 삶이라면 기꺼이 떠나리라 마음먹는 일도 구태여 피치 못할 함정이 되는 이치는 이해하기 그다지 어렵지 않다. 그것은 진지한 사랑 논리 안에 내재하는 극도의 단순함이 폭력의 논리와 유난히 닮게 마련이기 때문이다. 목적을 달성하기 위하여 '가장 빠르고 간단하며 분명한 정치적 수단'을 '폭력'으로 보는 이유도 여기서 그 이해의 틀을 갖춘다.

그 같은 폭력적 판단과 실천이 당대의 유명인들에게만 국한되었다고 보는 건 지극한 오해다. 사랑은 사회적 지명도와 관련 없이 누구에게라도 흐르고 넘치며 버겁도록 끌어안아야 하는 격정의 에너지이기 때문이다. 여염의 누구라도 상황이 마련되면 빠질 수 있는 늪이 사랑이며 신분과 조건 이전에 본능이 요구하는 부름을 외면할 수 없을 정도로 세상은 이제 솔직하고 과감한 모습으로 저만치 달려가고 있었다.

누구라도 빠져드는 게 사랑이란 주장이 과격한 일반화라면 쉽사리 피치 못할 늪이 연애의 조건이자 정념의 숲을 키우는 영양소란 관점은 한결 넉넉한 이해방식일 것이다. 마침 사랑의 늪 주변에 빈곤의 강물과 편견의 언덕마저 곁들여지면 간단치 않은 사랑의 방정식은 정사로 향하는 또 다른 험로를 만난다는 데 눈길은 다시 머문다. 누구나 할 수 있는 사랑이어도 아무나 쉽게 죽을 순 없었다. 그때 그걸 가능케 하는 것이 용기이자 극한의 체념이라면 그 또한 진한 사랑의 파고波高를 훌쩍 넘어선 다음임을 힘주어 다시 말할 필요가 있을까.

유난히 타인의 시선을 의식하는 우리의 경우 과거로 소급할수록 정도는 더했다. 근대성의 강화란 곧 그 '정도'의 경감을 뜻하였을 것이다. 명분도 핑계도 만들지 않고 사랑하는 상대를 격의 없이 만나거나 '만남'을 드러내려는 정도가 얼마나 솔직한 지가 바로 근대와 전근대를 가르는 경계였을지 모른다. 체면과 눈치를 극복하는 과정이 사랑의 근대화라면 조선조 혜원이 그린 「월하정인月下情人」의 연애정치는 순진하기 이를 데 없는 인식의 징표일 것이다.

하필 강점기의 조선인 자살이 다른 시기와 어떻게 다른지 헤아리려면 별도의 연구가 필요할 것이다.[24] 그것도 구한말의 분사憤死나 식민지기의 혹독한 좌절을 거친 공개적 정치자살이 아닌, 유독 사랑의 얼굴로 거듭나는 반항적 정사의 면모마저 가려내기란 쉽지 않을 것이다. 바로 위의 윤심덕 투신의 경우 역시 대부분의 연구자들은 그 안에 사회정치적 도발성이 깃들어 있다거나 염세의 반역사성이 검출된다고 보긴 어렵다는 게 지배적이다.

그럼에도 불구하고 시대의 어둠과 세월의 질곡이 근대 연정의 주체들을 한층 피곤하게 하거나 정사 이후 남은 사연들을 훨씬 처량하게 만드는 '도드라짐'의 효과는 적잖았다. 그것은 단지 모국어를 더 이상 쓰지 못하게 만든 언어의 장해만이 아니라 식민지 백성으로 살아남아야 하는 역사의 절박과 직결되는 얘기이기도 했을 것이다. 문제는 그 같은 거시상황의 부정성negativity 말고도 죽음에 직면한 각자가 부딪친 삶의 조건이 유난히 척박하고 옹색해질 때였다.

거듭 강조하건대 유명하고 안 하고는 죽음과 아무 관계가 없다. 무명의 슬픔은 빛나지 않아 되레 서러웠고, 몰래 한 사랑은 두근거리고 무서워 세상의 눈이라도 후벼 파고 싶은 나날로 가슴 설레었다. 어디 강점기라 더 그랬을까 마는 혁명이라고 한번 대차게 하려다 검속에 걸려 얻어맞은 몽둥이 자국 문지르며 다락방으로 숨거나 지하로 부끄럽게 내려갈 즈음 사랑의 세월도 추레하긴 매일반이었다.

문자 그대로 3·1운동이 '운동'으로만 그치고 난 후 언론이 전하는 자살 소식과 정사의 도미노 효과는 강했다. 1920년대부터 본격화하는 조선의 정사는 다양한 직업과 지역에 걸쳐 발생했고 때마침 '식민의 나라'에 기거하던 재조선 일본인 남녀와 그들의 이야기를 지근거리에 둔 조선 남녀의 복잡한 사연들을 바탕으로 삼는다. 그것은 대부분 예기치 않은 만남과 힘겨운 사랑의 종말을 처리하는 독특한 방식의 하나였다.

죽음을 생각할 만큼 절박한 조건이 인연의 발전을 기약하기 어려운 반사회성反社會性을 강화한다는 점은 강점기 정사 역시 마찬가지다. 인연을 발전시키기는커녕 만남 자체를 괴로운 운명으로 관조하거나 차라리 즐기려는 상황의 기이함은 사연의 주인공들이 대부분 불우하거나 그로써 파생하는 기구한 관계를 깨지 못하고 만다는 공통점까지 드러낸다. 빈곤과 불륜, 불구와 동성, 인종과 언어, 문화와 개성, 신분과 출신의 장벽은 물론 그 각기의 장해가 끝내 두 사람의 결합을 가로막는 삶의 족쇄가 되는 일은 기왕의 정치적 서러움과는 또 다른 비극이었다.

'정치적 근대'까진 그만두더라도 사회현상의 근대성을 검출하기 위한 경험적 관찰 토대가 강점기부터 공고해지기 시작한다는 건 여전히 우리에게 '불편한 진실'이다. 이 땅에 공식 통계의 인식이 자리 잡는 19세기 말과 이를 견인 · 제도화하는 총독부의 정기조사regular survey는 일상의 '행정통제' 를 넘어서는 통치프로그램으로 자리잡아 가고 있었다. 이는 만만찮은 논전 대상으로 익숙해진 '식민지 근대화론'의 연계 담론으로도 그 의미를 지탱한다.

뿐만 아니라 강점기 조선 사회변동의 문화지표로 주목할 현상은 1920년대의 국내 신문 창간일 것이다. 《동아일보》와 《조선일보》 발간은 강점기의 복잡한 세상사를 곁에서 일어난 사단들처럼 생생하게 전달하는 생활 미디어의 출현을 뜻했기 때문이다. 그것은 마치 어느 한 군주의 시대를 기록한 『실록』의 일상화 작업이자 기사와 그림을 통한 이해의 도구이면서 장차 쌍방향 소통을 이끌 정치매체로 중요한 의미를 배양하기 이른다.

'통계'는 여기서 더욱 놓치기 힘든 사실의 경험적 전달과 이해 준거로 작동한다. 이른바 경험칙 논리가 인습과 전통에 찌든 편견이나 막연한 미신을 갈아엎는 지표이자 단순 명쾌한 근거로 인식되기 시작한 것이다. 자살 속에서 정사를 변별하려는 본격적 통계작업의 효시를 1920년대로 삼는 일도 바로 이 같은 까닭에서다. 많지 않은 연구자들 역시 이러한 사실에 주목하게 되는 이유도 마찬가지일 것이다.[25]

결국 일간지 취재기사와 조선총독부의 연간 통계수치에 나타난 죽음의 '사실史實'들은 근대 정사를 이해하기 위해 '어쩔 수 없이' 기대야 할 역사의 근거다. 불우하지만 가련하고 처연하더라도 더없이 진지하기만 한 극단의 정치행위로 정사를 택한 '근대인'들의 감각이 돋보이는 건 바로 이 때문이다.

1920년대 이후 《동아일보》를 솎아낸 서지영의 꼼꼼한 작업은 그래서 한결 돋보인다.

> 정사의 유형과 원인을 세밀하게 추적해 보면 유부남을 포함한 하층계급(노동자) 남성들이 창기/작부, 기생/여급 간의 만남 속에서 경제적 문제(빚, 전차금, 횡령), 신분이나 불륜으로 인한 결혼 좌절, 세상 비관 등이 원인이 되어 정사하는 경우가 총 139건(조선 여성 90건, 일본 여성 49건)으로 56.7%로 가장 많고, 일반 가정의 '불륜'(유부남 또는 유부녀와의 만남, 치정, 근친상간)으로 인한 정사가 31건(조선인 27, 일본인 4)으로 약 12.6%, 지식계층(학생, 회사원, 부호)의 이룰 수 없는 사랑으로 인한 정사가 8건(3.2%), 배우자의 질병, 생활고, 가정불화, 염세 등으로 인한 부부의 정사가 13건(5.3%), 강제결혼, 결혼 반대, 경제난으로 인한 일반 남녀의 정사가 15건(6.1%), 정사자의 사회적 지위나 정사의 원인을 알 수 없는 경우가 31건(12.6%), 동성애가 원인으로 포착되는 경우가 6건(2.4%), 강제정사 및 사고로 인한 정사가 3건 정도(1.2%)로 파악된다. 여기서 가장 두드러진 현상은 기생, 창기, 작부, 여급의 직업을 가진 유흥계 여성 종사자와의 정사가 전체의 반(56.7%)을 넘고 있

으며, 남성 정사자의 경우에 전차금(몸값)이나 빚으로 고통받고 있는 상대 여성의 경제고經濟苦를 해결하지 못하는 저소득층 남성들이 대부분을 차지하고 있다는 점이다.[26]

이 같은 분석은 1921년부터 1940년까지의 《동아일보》 기사를 바탕으로 압축한 결과다. 따라서 몇 년도에 누가 어떤 경위로 정사를 감행했는지 그 각기 사례의 절절함보다 집적자료의 기본요건을 갖춤으로써 강점기 자살과 정사의 상관성을 헤아리는 데 보탬이 된다.[27] 특히 총독부가 발행한 「통계연보」와 곁들여 이해할 때 문제의 입체적 접근을 돕는다.

1910년대의 정사는 미확인 상태로 머물지만 「통계연보」에 따르면 1920년대는 전체 자살인구 가운데 0.19%, 1930년대는 0.74%까지 이르는 점진적 증가추세를 보인다. 두 자료의 통계내역은 반드시 일치하지 않는다. 하지만 총독부 자료가 변동의 거시지표로 의미를 지닌다면 《동아일보》의 그것은 정사 사례의 미시지표와 건별 비교의 준거를 상대적으로 자세히 변별할 경험적 바탕을 마련한다는 점에서 가치의 크기를 더한다.

통계수치를 확인할 수 없다고 하여 행위의 실제가 없었다고는 결코 말할 수 없을 터이다. 따라서 1910년대 정사 통계의 공란

空欄이 사건의 부재를 반증하는 건 아니며, 왕조 해체를 전후한 정치적 혼돈기 역시 사랑의 좌절과 동반자살이 전무했다고 볼 수는 없다. 다음 표와 그림은 이들 자료에 나타난 예외적 죽음의 증감과 경험적 변화 추이를 체계화시켜 본 것이다.

표를 그림으로 바꿔보면 두 개의 뚜렷한 패턴 변화를 다시 읽을 수 있다. 연도별 부침의 미시정치학보다 추세의 전반적 상승과 확산을 담보하는 거시사회학의 속내가 드러나기 때문이다. 현상 자체에 깃든 경험적 차별성과 그 의미의 전후 맥락을 헤아리는 일은 따라서 늘 중요하다.

강점기의 연도별 자살률 증가가 함의하는 바를 깊이 헤아리려면 별도의 경험적 연구가 필요할 것이다. 하지만 이를 방증할 구체적 근거가 확실하지 않다면 남아 있는 사망통계만으로 숨은 그림의 전모를 가늠하기란 극히 위험할 터다. 유서나 일기 혹은 가족들의 믿을 만한 구술을 바탕으로 한 죽음의 대강을 담보한다는 일도 좀체 공개하기 힘든 프라이버시를 전제할 때 기대하기 힘든 게 사실이다.

죽은 자의 주변을 맴도는 신비로운 단서나 개인사의 소문쯤으로 추론과 상상을 거듭할 일이 아니라면 그건 차라리 당대를 둘러싼 인문학적 탐색과 새로운 학제 간 연구로 보완하는 게 바람직

[표_2] 강점기 조선의 자살인구 변화 추이와 정사자의 변동[28]

(단위 : 명)

연도	자살자	정사자	비율(%)
1910	391	–	–
1911	738	–	–
1912	837	–	–
1913	766	–	–
1914	869	–	–
1915	912	–	–
1916	1,057	–	–
1917	1,110	–	–
1918	1,145	–	–
1919	1,097	–	–
1920	1,065	–	–
1921	1,225		
1922	1,256		
1923	1,487	94	1.36
1924	1,400		
1925	1,536		
1926	1,649		
1927	1,816	(7)	
1928	1,924	(7)	1.49
1929	1,984	(15)	
1930	2,015	140	
1931	2,076		
1932	2,228		
1933	2,125	138	1.22
1934	2,330		
1935	2,554		

1936	2,600		
1937	2,647		
1938	2,504	118	0.95
1939	2,371		
1940	2,240		
1941	2,184	–	–
1942	1,915	–	–
합계	54,053	490	0.91

[그림_2] 강점기 조선의 자살인구 증감과 정사 통계

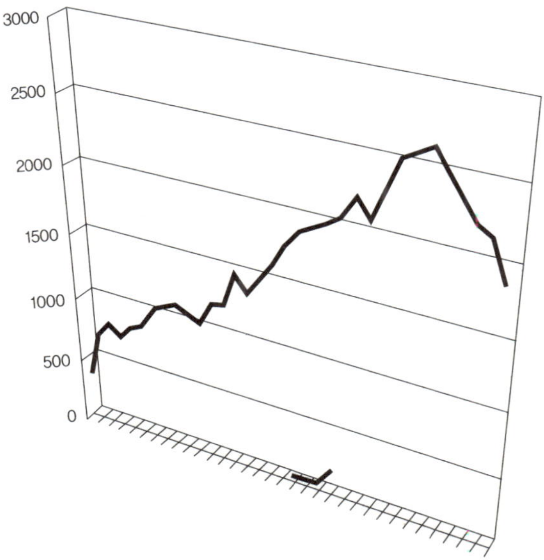

하지 않을까. 연애 개념뿐 아니라 정사마저도 조선사회 내부에서 발아한 문화적 자생의 결과물임을 좀체 인정하려 들지 않는 기왕의 학문적 정서도 이즈음 돌아볼 일이다.

강점기 조선 사회사가 연애의 기풍으로 한결 고무되었음을 어떻게 인식할는지는 사실 간단치 않다. 이는 곧 정치적 핍박과 역사의 단절로 얼룩진 기왕의 민족감정을 뒤늦게나마 들뜨고 설레는 감정으로 치환한다는 게 말처럼 쉽지 않으리란 판단과 마주한다. 아울러 그렇다 하더라도 늘 따라붙는 문화적 겸연쩍음과 감각적 주눅 따위가 상수로 작동할 때, 결국 이를 어찌 뛰어넘을 것인지 적잖은 논란의 여지를 남겨놓기 때문일 것이리라.

따지고 보면 명랑明朗도 근대적 이식의 산물이요, 정사와 사랑 또한 수입품이란 사고가 압도적일 때 도무지 꿉꿉한 의식의 자락일랑 금세 말려버리거나 단출하니 날려버릴 방법도 구하긴 쉽지 않았다.[29] 덧붙여 불륜과 정사의 미학을 마치 일본의 전형적인 문화 특성의 하나인 양 예찬 · 칭송하려 들 때 문학은 이를 곁에서 지켜보고 있었다.[30] 학문의 이름으로 정사현상을 정면 조준하려 들지 않을 때 그나마 인문학의 관심과 천착이 돋보였다면 문학은 선도적인 역할을 맡았던 셈이다. 문학의 정치성은 물론 역사성에 이어 사회 탐구의 중요한 기초자료로 눈여겨보아야 할 새삼스런 까닭이 여기에 있다.

기다리다 죽다 : 식민시대의 연정과 실연

| 03_주 |

1_ 김수진, 『신여성, 근대의 과잉 : 식민지 조선의 신여성 담론과 젠더 정치, 1920-1934』(서울 : 소명출판, 2009), p. 471.

2_ 구태여 이를 뒤집어 왜풍이니 미색이니 뒤집어 부른들 뭐가 달라질까. 문화의 파급과 지배가 군사력을 앞세운 연성軟性 지배전략의 일환이라고 보면 재패니즘Japanism 혹은 자포니즘Japonism의 전진에 이어 아메리카니즘Americanism의 약진에 감히 쐐기를 박을 만한 위인은 없었다. 그 또한 얼굴과 피부를 달리 한 문화중첩acculturation 아니면 은연중 수용해 버리고 마는 감각적 · 즉각적 동일시 효과에 다름

아니었으니까.

3_ 김수진(2009), 앞책, p. 304.

4_ 이에 관해서는 다음 참조할 것. 고지현, “유행 개념으로 바라본 식민지 조선의 근대성,” 성균관대학교 동아시아학술원 대동문화연구원(편), 『대동문화연구』 제71호(2010), pp. 365-396.

5_ 이에 관한 경험적 추적들로는 다음 참조할 것. 전봉관, 『경성기담 : 근대 조선을 뒤흔든 살인 사건과 스캔들』(파주 : 살림, 2006) ; 『경성 자살 클럽』(파주 : 살림, 2008) ; 소래섭, 『에로 그로 넌센스 : 근대적 자극의 탄생』(파주 : 살림, 2005) ; Miriam Silverberg, *Erotic Grotesque Nonsense : The Mass Culture of Japanese Modern Times* (Berkeley, CA. : University of California Press, 2009).

6_ 나라 없는 백성이 자살까지 불사하는 처연함이 남의 눈에 어느 정도 슬프게 비쳤을지는 물론 논외로 하고 말이다.

7_ 이광수, “연애와 자살,” 『이광수 전집 13』(서울 : 삼중당, 1962), p. 430.

8_ 이경훈, 『오빠의 탄생 : 한국 근대문학의 풍속사』(서울 : 문학과지성사, 2004), p. 10에서 재인용.

9_ 강점기 연애 건수가 어찌 두 자리에 불과했겠는가마는 이들 가운데 대표적인 경우를 따로 다룬 결과물로는 다음 참

조할 것. 이철, 『경성을 뒤흔든 11가지 연애사건』(서울 : 다산초당, 2008).

10_ 구태여 사연의 동어반복을 무릅쓸 필요까진 느끼지 않지만 대개 이 같은 유형은 강점기 연애사건의 대종을 이룬다. 그 구체적인 예로 대부호 장길상의 아들 장병천과 명기 강명화의 시차를 둔 자살, 이화여전 성악과 교수 안기영과 제자 김현순의 도주 · 동거, 모던걸 윤심덕과 모던보이 김우진의 치명적 투신자살, 여급 김봉자와 의사 노병운의 투신자살 등이 그것이다.

11_ 서지영, "근대적 사랑의 이면 : '정사'情死를 중심으로," 서울대학교 규장각한국학연구원(편), 『한국문화』 제49집(2010), p. 302.

12_ 현재로선 두 작품이 전부다. 연대기로 보면 안현철 감독이 만든 1969년작, 『윤심덕』(한국영화주식회사/신성일 · 문희 · 이순재 출연)이 먼저지만 1991년, 김호선 감독의 『사의 찬미』(극동 스크린/장미희 · 임성민 · 이경영 출연)가 스토리텔링과 플롯의 얼개를 갖춘 최초의 작품이라고 볼 수 있다.

13_ 고종석, "윤심덕 : 현해탄에 가라앉은 사랑," [기획연재 여자들] 〈29〉《한국일보》 09/08/31 http://news.hankooki.com/lpage/culture/200908/h2009083103024448

6330.htm

14_ "현해탄 격랑 중에 청춘남녀의 정사,"《동아일보》 26/08/05.

15_ http://navercast.naver.com/contents.nhn?contents_id =5079

16_ 오재호, 『사의 찬미 : 윤심덕』(서울 : 명서원, 1978), pp. 440-441.

17_ 서연호, "遺稿解說 · II : 演劇批評 · 文學批評 · 隨想 · 書簡文 · 日記," 김우진, 『金祐鎭全集 2』(서울 : 전예원, 1983), p. 316.

18_ 이에 관해서는 다음 참조할 것. 윤진현, 『조선 시민극의 구상과 탈계몽의 미학 : 수산 김우진의 생애와 문학』(파주 : 창비, 2010).

19_ 김만수, "한국 근대극의 형식과 내용," 민족문학사학회(편), 『민족문학사연구』 제42호(2010), pp. 522-528.

20_ 이은경, 『수산 김우진 연구』(서울 : 월인, 2004). 김우진이 두 개의 아호를 사용했음은 사람들이 그다지 주목하지 않는다. 여기서 분명히 해두자. 그는 '초성焦星' 이란 아호와 '수산水山' 이란 또 하나를 사용한다. 앞의 것은 '초조한 별' 이라고 해석하기보다 '지치다' 와 '애태우다' 를 아우르는 '애틋한' 쯤으로 이해하면 무방할 듯하고 뒤의 것

은 문자 그대로 자연 그 자체와의 동화를 지향한 비현실성과 의도적 탈주의 뜻을 같이 함축할 터이다.

21_ 이에 관해서는 다음 연구 참조할 것. 김기란, “대한제국기 ‘극장국가theater state’ 연구(1),” 한국문학언어학회(편), 『어문논총』 제51호(2009), pp. 399-432 ; “대한제국기 ‘극장국가theater state’ 연구(2),” 한국연극학회(편), 『한국연극학』 제40호(2010), pp. 125-162.

22_ 윤진현(2010), 앞책, p. 17.

23_ 그 같은 행위의 구체적 실천 공간이 각별한 문화적 정서를 반영할 때 세인들은 은밀하게 환호한다. 사랑의 구현 공간을 굳이 가정과 집으로 한정하지 않더라도 그 같은 상식 주변에는 또 다른 공간 개념들이 가슴 들뜬 모습으로 달라붙는다. 그것도 ‘근대’란 미명을 빌려 새롭게 등장한 사랑의 실천 공간은 은밀하고 에로틱한 이미지를 동반한다. 여관과 온천이 그랬다. 죄업의 회개와 타락의 정화를 위해 종교가 복무하듯 여관 주인은 투숙자들의 관계를 ‘관계치 않고’ 온천의 더운 물은 안 그래도 뜨거운 본능을 ‘식혀주는’ 역설의 냉각수단으로 기능한다. 이에 관해서는 다음 참조. 김주리, “식민지 시대 소설 속 온천 휴양지의 공간 표상,” 서울대학교규장각 한국학연구원(편), 『한국문화』 제40집(2007), pp. 127-155. 다방과 카페는

또 어땠을까. 특별히 갈 곳 없는 식민지 청춘남녀들이 님의 얼굴을 마주보거나 곁눈질로 여급의 몸매라도 훔쳐보려면 한번 앉아 오래 죽칠 수 있는 공간으로 그곳만한 데는 다시 없었다. 장유정, 『다방과 카페, 모던보이의 아지트』(파주 : 살림, 2008) ; 서지영, "식민지 시대 카페 여급 연구 : 여급 잡지 《女聲》을 중심으로," 한국여성학회(편), 『한국여성학』 제19권 3호(2003), pp. 31-73 ; "카페, 근대 유흥공간과 문학," 한국여성문학학회(편), 『여성문학연구』 제14호(2005), pp. 65-88 ; "식민지 조선의 모던걸," 한국여성학회(편), 『한국여성학』 제22집 3호(2006), pp. 199 -228 ; "식민지 근대 유흥풍속과 여성 섹슈얼리티," 한국사회사학회(편), 『사회와 역사』 제65호(2004), pp. 132-168.

24_ 한 예로 다음 경우는 좋은 경험적 토대가 될 것이다. 박은정, "1920년대 《동아일보》에 나타난 조선인 자살의 실태," 한국교원대학교 대학원 석사학위논문(역사교육전공)(2007).

25_ 윗글, p. 3 ; 서지영(2010), 앞글 참조.

26_ 서지영(2010), 앞글, p. 308.

27_ 그러나 여기서 유념할 것은 정사사건의 건당 내용에 관한 정확한 이해가 필요하다는 점이다. '1건'은 사건으로서

하나지만 정사는 '동반자살'이기 때문에 실제 사망인원은 둘이란 점에 주목할 필요가 있다. 이미 지적한 대로 정사가 기어이 동반을 갈구하는 건 아니다. 추종자살從死이나 분사憤死처럼 뒤따라 결행하는 비장한 죽음마저 염두에 둔다면 모든 정사가 한날한시에 한사코 저질러지는 비장한 과업만은 아니라는 데 밑줄을 그을 일이다. 이 통계 역시 이 점을 감안하고 보아야 한다.

28_ 통계의 기본은 《동아일보》를 기준으로 삼되 괄호 안은 「조선총독부 통계연보」에 등재된 정사자료임. 동아일보 기사를 바탕으로 한 정사 통계와 그 변화 추이는 서지영의 검색을 참조하고 남녀 정사자 각자를 '1'로 환산, 건당 통계를 5년 단위로 분석 · 해제함.

29_ 이에 관해서는 다음 연구들 참조할 것. 소래섭, 『불온한 경성은 명랑하라 : 식민지 조선을 파고든 근대적 감정의 탄생』(서울 : 웅진지식하우스, 2011) ; 우정미, "한일 신여성의 연애관 연구," 한국일본어교육학회(편), 『일본어교육』 제37집(2006), p. 273 ; 김경일, "식민지 시기 신여성의 미국 체험과 문화 수용 : 김마리아, 박인덕, 허정숙을 중심으로," 이화여자대학교 한국문화연구원(편), 『한국문화연구』 제11집(2006), pp. 45-91.

30_ 조선의 정사가 내재적 발전으로 숙성된 결과물이 아니라

식민지배를 통한 일본의 문화중첩이자 불가피한 파급의 소산이란 사고는 소설문학의 대중적 확산과 자연스럽게 친화한다. 이에 관해서는 다음 연구들 참조할 것. 안남연, "한일 불륜소설 연구," 한국현대문예비평학회(편), 『한국문예비평연구』 제19집(2006), pp. 181-200 ; 임정연, "연애 불능에 관한 역설 : 나르시시즘에서 타자성으로-한국문학의 연애담론에 관한 시론," 이화어문학회(편), 『이화어문논집』 제26집(2008), pp. 5-26 ; 양문규, "1910년대 이광수와 나혜석 문학의 대비적 고찰," 민족문학사학회(편), 『민족문학사연구』 제43호(2010), pp. 222-243 ; 김학균, "1920년대 장편소설의 여성 초점화와 근대적 주체 : '환희' '재생' '이심'을 중심으로," 한국문학연구학회(편), 『현대문학의 연구』 제42호(2010), pp. 311-333 ; 문정희, "나혜석 회화창작에 나타난 근대적 자아," 이화여자대학교 한국문화연구원(편), 『한국문화연구』 제11집(2006), pp. 199-243 ; 노현미, "近松의 삼대 간통극 일고찰 : 주인공의 의지를 중심으로," 한국일본어교육학회(편), 『일본어교육』 제37집(2006), pp. 193-214.

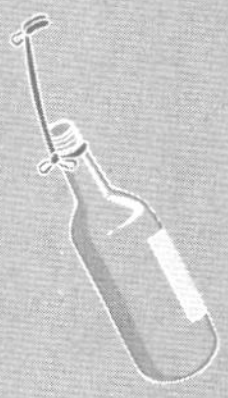

죽기는

살기보다 어렵고 자살하기는 천수를 누리기 보다 훨씬 힘겹다. 게다가 목숨이 다하여 죽거나 스스로 끊기보다 더 힘든 지상 최대의 고통은 오늘 이 순간을 이대로 살아내는 일이다.

사랑하다 죽다

04_

돌아보다 죽다 : 넘쳐나는 미련과 절제의 빈곤

죽고 싶다는 욕망과 죽겠다는 의지, 그리고 실제로 죽는 그 일 사이에는 서로 다른 설명 불가능한 변수들이 개입하게 마련이다. 그래서 죽기는 살기보다 어렵고 자살하기는 천수를 누리기보다 훨씬 힘겹다. 게다가 목숨이 다하여 죽거나 스스로 끊기보다 더 힘든 지상 최대의 고통은 오늘 이 순간을 이대로 살아내는 일이다.

돌아보다 죽다 : 넘쳐나는 미련과 절제의 빈곤

그렇다면 정사의 '현대사'는 오늘 우리에게 무엇을 말해주는가. 이에 답하려면 강점기 조선의 자살이 주는 낭만성과 그 정치적 한계를 의식하게 된다. 그리고 모두가 피하지 못한 모더니티의 함정도 되돌아보게 된다. 조선의 정사가 강점기의 핍박을 건너는 또 하나의 도피수단이었든, 아니면 이를 암시하는 도구였든 관계없이 소설이라도 읽고 시라도 읊조리며 버틸 수 있던 삶은 그조차 할 수 없는 '때'보다 바람직했을 것이다.

정사를 담는 그릇이 문학이라면 소설은 대중을 달래고 나아가 민족의 울기를 위로할 혁명 밖의 '혁명적' 경로였다. 그것은 절망에 대한 저항의 형식이자 좌절 그 자체를 향한 심층 도발로 의미를 더한다. '우울'과 '초조'가 강점기 조선의 정서를 대변할 핵심의 평균값은 아니었지만 자살과 정사는 흔들리는 군상들의 극단적 선택으로 침묵과 복종의 문화를 일거에 깬다.

누군가의 홀연한 죽음이 삶의 초월적 경로인 양, 고고하게 도드라졌던 건 모두가 함께 죽을 수는 없던 현실의 어려움을 반영했기 때문일는지 모른다. 식민의 시대에 자아를 완성하거나 이를 담보할 사회적 결말이 죽음으로 선명해지는 기이함도 여기서 빛을 발하는 까닭을 헤아리게 된다. 정사는 그 가운데 고결한 최후의 선택이었을 터다. 누구에게도 물들지 않고 누구 또한 건드리지 않으며 혼자, 아니 그(녀)와 함께 표현하는 감각의 극한으로 한날한시 이승을 떠나는 그 일이 아름답기까지 했던 건 함께 길 떠나는 둘만큼은 완벽한 소통의 정치가 가능했기 때문이었으리라.

그것은 남는 자의 슬픔까지 책임지진 않으려는 극도의 이기주의와 맞닿는다. 희생과 자기 부정을 바탕으로 삼는 이타적 자살과 근본적으로 다른 정사의 정치학이 좌절의 해결과 자기 고통의 초극만을 문제 삼는 이유일 것이다. 따라 죽자며 계몽하거나 자신의 화려한 이륙이 무의미한 비상飛翔이나 허튼 절멸絶滅이 아니라고 세상에 외쳐대기로는 작가의 고백만한 '것'도 없었을 것이다. 빼앗긴 모국어와 잃어버린 주권의 등 뒤에서 그나마 작가의 얼굴이란 만만한 나의 자화상 아니었을까.

신영미는 식민지 조선 소설이 문학의 정치성을 강화하기 위한 자기 경로를 튼실히 파고 있었음에 주목한다. 물론 그것이 그 자체만으로 독립을 보장하거나 해방을 앞당길 혹독한 무기로 작동한 건 아니었지만 말이다. 문학은 문학이요, 정치는 정치일 따름이란 사고의 경직을 내파內破할 자기 역량을 내보이지조차 못할 조선 소설이었다면 모를까, 이렇게 말하는 속내 밑바닥이야 혁명 한번 옳게 치러내지 못한 민족의 한계쯤 이미 감안하고 있지 않았을까.

> 한국 근대소설은 절망상황에서도 발아한 낭만적 저항의지를 주요한 동력으로 삼아왔다고 할 수 있다. 식민지시대 한국 근대소설 속의 주인공의 죽음, 특히 자살에 대한 고찰은 이런 의미에서 매우 중요하다. 자살은 좌절의 결과물이기도 한 동시에 좌절을 승인하지 않는 주체의 강력한 저항과 투쟁의지의 산물이기 때문이다. 식민지시대 소설에는 자살을 모티브로 한 소설이 적지 않다. 이는 봉건적 구습이나 식민지적 상황의 폭력성에 대한 저항으로 드러난다. 가장 먼저 나타난 것은 전근대적 성 의식으로 인

한 자살로 여성이 자살 주체로 등장하여 전제적 봉건제의 희생자가 된다. 또 여성을 욕망의 주체로 간주하여 사랑을 추구하게 만드나 식민지시대는 사랑도 실현될 수 없는 암담한 시대라는 사실만을 보여준다. 극단적 빈궁에서 비롯된 자살은 타락한 세계와 통합될 수 없는 주체의 절망을 담고 있으며 식민지 지식인은 세계와의 투쟁의 수단으로 자살을 감행하기도 한다. 이 외에도 인생에 대한 허무적 관조나 자기정체성 실현을 위해 자살하는 경우와 온전한 주체 확립을 위한 자살도 나타난다. 이처럼 봉건적 인습에 대한 저항과 근대적이고도 적극적인 전망의 상실로 인한 절망은 주인공을 자살로 이끌었다. 하지만 식민지시대 소설에 나타난 자살을 봉건적 인습, 가난, 정치적 억압, 우울 등 부정적 자질의 병리적 표현이자 주체의 적대적 환경에 의한 소외의 결과로 보는 것은 자살의 외재적 요인만을 강조하는 것이다. 이러한 해석은 작가가 지닌 능동적이고도 내재적인 요인을 간과할 수 있기에 새로운 틀이 필요하다. 이 틀은 미약한 주체가 식민지하에서 적대적이고도 강고한 세계에 대해 수행할 수 있는 가장 적극적인 저항인 자살을 어떻게 선택하는가를 밝히는 방식이어야 한다. 그리하여 자살이 미약한 피식민 주체가 식민지적 근대를 넘어 근대를 선취하는 하나의 방식이라는 점을 규명해야 할 것이다. 식민지시대 자살 모티브 소설은 자아와 세계와의 투쟁을 근간으로 한다. 인물의 자아와 객관적 세계가 죽음을 매개항으로 끊임없이 갈등하는 것이다. 이 갈등은 자아가 하나의 주체로 형성되어 확대되는 경우와 폭력적인 세계에 저항하는 경우로 나타난다. 식민지시대는 억압된 환경 아래 기존의 것을 전복하고자 하는 낭만성이 지배하는 시대이다. 식민지시대에 공존하던 봉건적 유제와 식민지적 근대성은 작가에게 하나의 거대한 모순 덩어리였다. 불완전한 근대의 한 가운데서 그들은 이 모순을 감당해야 했기에 굴절된 형태의 대응을 낳을 수밖에 없었다. 자아를 일깨워 완성에 이르게 하기 위해서 식민지하에서 할 수 있는 선택은 자아의 주관적 확대였으며 그 결말의 하나가 죽음이었다. 그것은 어쩌면 근대에 저항 혹은 적응하는 또 하나의 방법일 수도 있다. 결국 식민지적 특수성은 자아를 죽음으로 귀결시키는 절대 조건이었다. 자살은 자아가 세계와 당당히 맞서거나 세계에 강력히 저항하기 위해 주체성의 최고조에 이르는 방식이다. 근대적 인간이 자신의 죽음을 '자발성' 아래 두어 주체성을 실현하려는 것은 '개성 확립'의 또 다른 방식으로서 근대성의 표지라 할 만하다.[1]

이쯤 되고 보면 '죽음'은 문학의 과업만이 아니라 정치의 화두이자 역사의 프로젝트로도 손색 없을 주제였으리라. 하지만 민족 모두가 탐닉할 광기어린 선택 대상으로 꼽기엔 그건 온통 절실하고도 진지한 개인의 일이었다. 개인적이어도 너무나 개인적인 결행과 물리(구체)적 실천 대상이었던 것이다. 그것도 끔찍하며 끈끈하고 상의와 타협이란 애당초 허여치 않는 외로운 개인만이 치러야 하는 사단으로 말이다. 죽고 또 죽어 켜로 쌓인 시신들이 죽음의 강물을 이룬다 한들 모두가 함께 사라지지 않는 한 고스란히 남을 국가를 곁에 둔 채, 아니 뒤로 돌려세운 채 홀연히 떠나는 몇몇으로 어찌 온전히 전체를 바꿀 수 있었겠는가.

죽음이, 아니 정사가 제아무리 아름다운 이별이자 육신으로 표현하는 전면 부정의 정치적 도발이었다 해도 그 같은 떠남이 궁극에는 이기의 그늘을 벗지 못한 까닭이란 것도 저 끄떡없이 남는 국가 혹은 이름하여 우리의 '공동체'란 개념 때문이었다. 자발적 죽음은 자기 육신에 대한, 스스로의 몸을 통한 제 육체의 저항이자 한없는 순정의 고백이었을 것이다. 하지만 누구도 감히 표현하지 못한 삶의 근대성을 흐르는 피와 고고한 정념으로 드러내는 부러운 과업이었다 해도 '세상의 근대'와 '세월의 계몽'은 요원했다.

무엇보다 자발적 근대화를 경험하지 못한 민족의 정치적 · 역사적 한계 앞에서 정사의 속살을 훔쳐보거나 자살을 곁눈질하는 건 개인의 성공 사례로 국가의 치욕을 뛰어넘으려는 논리의 함정에 빠져드는 일이다.[2] 그럼에도 불구하고 '해방'의 경험은 이들 모두를 쉽게 잊도록 자극한 역사의 핑계였다.

자살과 정사에 관한 한, 해방은 그만큼 이완의 모티브로 작동하는 셈이다. 혹독한 대가도 치르지 않은 채 부담스런 선물처럼 얻은 저 부끄러운 자유조차 묵종과 방관의 뒤끝치곤 화려했다. 때로 무질서한 퇴폐나 환락을 비껴갈 여유조차 허락하지 않을 정도로 국가는 과잉성장의 기로 앞에서 스스로 굳어가기도 했지만 분단과 전쟁을 이겨내거나 동북아시아 국제질서의 재편을 제압할 저력까진 기대하기 힘들었다.

주어진 자유를 만끽할망정 윤심덕과 김우진의 순수[3]가 재현된다 해도 가슴은 예전처럼 설레지 않을지도 모르리란 상상이 기꺼운 건 세월의 새로운 오만일까? 아니면 세월의 보색효과 또한 근대화의 강제와 물리적 이식을 이겨내진 못했던 걸까? 모두가 친일을 공박하고 강자를 향한 아첨을 매도하는 나날 속에서 세월을 개탄하며 과거를 애잔해했어도 기실 자세히 들여다보노라면 이젠 더 이상 핍박할 강자 없는 삶은 그것만으로도 기쁨이요 감격이었다.

폭압의 세월조차 선물처럼 다가온 자유의 시간으로 대체되는 삶은 반갑기만 했을 것이다. 죽을 이유나 서둘러 떠나야 할 까닭조차 날려버리며 환희의 조건으로 탈바꿈하고 있던 터였다. 사랑의 사연이란 것이 그 누구 것이든 서로 변별하거나 비교할 대상이 전혀 아님에도 불구하고 큰 기쁨은 작은 슬픔 따윈 외면하거나 홀대하기 충분한 자기 감격으로 넘쳐나고 있었다. 자살과 정사를 우선의 관심으로 도드라지지 않게 만들던 이른바 해방공간 조선의 저간這間의 사정은 무엇이었을까.

- 해방과 분단의 느닷없음은 강점기를 당연한 삶의 질서로 받아들이던 공동체 구성원들을 혼돈으로 밀어넣는다. 즐겁고 반가운 독립이었으되 강점기를 버텨온 각자의 삶의 방식과 정치적 처신은 부담스러웠다. 그 속에서 세월은 자신이 치를 대가와 새로운 정체성 모색을 위한 가늠자로 치열하게 작동한다. 사랑은 철저한 개인의 과업이자 처절한 사연의 보고로 여기서도 의미의 항상성을 지니지만 급격히 뒤바뀐 역사를 밀쳐낼 만큼 절실하진 않았다.
- 그럼에도 불구하고 절절한 사랑과 처연한 종말이 정사로 귀

결되는 일들이 없었다고는 결코 말할 수 없다. 강점기의 꾸준한 증가세를 고스란히 대입하자면 해방 후 정사 역시 상승과 하강의 굴곡이 전면 배제될 수 없는 까닭이다. 그럼에도 불구하고 해방 후 지속적인 역사 단절과 이념의 격돌을 통한 정치 갈등은 일관된 통계 산정의 공간적·현실적 어려움 역시 키운다. 무엇보다 반도의 분단과 한국전쟁은 사회현상의 꾸준한 관찰과 예측 혹은 분석을 위한 경험적 준거 마련에 어려움을 더한다.

- 연정의 분출과 좌절의 극복이란 미시정치는 갈등 통합과 해소라는 거시정치와 맞물리기엔 지극히 사적이었다. 전쟁과 암살, 테러와 린치, 좌우의 격돌은 사랑과 이별 이야기를 삶의 뒷전으로 밀어버린다. 개인의 사단으로 국가와 민족의 질곡을 재단할 수 없다는 혼돈기 논리는 절절한 사랑을 외면하기엔 기막히게 편리한 핑계였을 것이다.
- 역사의 간단없는 단절과 모순의 겹침은 개인사의 전면 배치보다 민족과 계급을 바탕으로 삼는 거대담론으로 논의의 공론장을 대체한다. 통신수단의 제한과 국가의 과잉성장은 물론 권력의 상징조작과 여론의 주조를 염두에 두면 '큰 것'과 '작은 것'의 병존은 정치적으로 불가능한 일이었다. 결국 해

방공간 조선에서 얻은 것은 이데올로기요 잃은 건 사랑이자 보이지 않는 님뿐이었다.

특이한 건 해방 이후의 한국사회가 정사를 향해 보내는 관심의 희석이다. 신기할 정도로 묽어진 정사의 화두는 그것 말고도 주어야 할 세상 눈길이 생각보다 깊고 넓어졌기 때문일까? 아니면 사랑과 연애는 이제 모더니티의 잣대나 죽음의 열쇠로도 파헤치기 싫어진 사소하고 덧없기만 한 허무의 비즈니스로 전락했기 때문이려나.

아니면 행여 친일의 잔재로 정사와 연애도 들어갈지 모르리란 두려움에다 왜풍과 왜색이 문화적 찌꺼기로 들통 나 꼼짝없는 혐의나마 뒤늦게 잡히지 않으려 안색 바꾸려 들던 이심二心의 발로였을까. 그처럼 덧없을라치면 무엇이 옳고 그르며 맞고 틀리는지조차 가늠할 길 없는 세월이었을 것이리라. 뉘라 누굴 믿고 어디서 뭘 찾아 기대려 들으려 했음인지 아득했을 것이란 탄식도 의외의 힘을 얻는다.

'도둑처럼' 왔다는 해방의 나날에 사랑과 정사는 '거짓처럼' 잦아들었다. 사라지진 않았으되 드러나진 않았다는 표현이 한층 옳을 것이다. 구태여 따진다면 그것 말고도 따져야 할 것들이 흐르고 넘쳐 보여도 보이지 않고 들려도 들으려 하지 않았다는 생각조차 무리는 아니었을 터다. 아니면 서슬 푸른 세상 분위기에 사랑하는 선남선녀의 사연이야 고스란히 묻혀 버리거나 가슴 저미는 곡절일랑 까치발로 발돋움하며 잠시 들여다 볼 그들만의 일일 뿐 혹여 모두의 사단으로 도드라질 형편은 아니었을 게다.

문학으로 해방공간의 처지를 들여다 보노라면 그 같은 사정일랑 이해 못할 바도 아니다. 이미연은 이렇게 말한다.

> 표현방식은 다르지만 해방기 문학이 공통적으로 갖고 있는 것은 식민지의 체험이다. 식민지 체험을 가진 사람들은 식민지가 끝난 시점에서 과거의 경험과 앞으로 겪어야 할 새로운 경험에 대한 두려움을 갖게 된다. 그래서 그들은 과거에 대한 집착을 하게 되고 쉽게 떨쳐버릴 수 없는 과거에 끊임없이 영향을 받으며 현재와 미래를 방해받는다. 그래서 해방 전후를 경험하는 사람들은 과거 청산을 외치며 어두운 기억에서 벗어나려 한다. 해방된 조국에 대표적인 과거로 언급되었던 것은 일본 잔재와 친일문제였다. 그래서 사회적 현실을 반영한 작품들에는 과거를 지닌 인물로 친일파나 반민족 행위자가 등장하게 되고 그들의 처리문제를 고심하게 된다. 각기 다른 특징들을 보이나 같은 고민을 하고

있는 해방기 소설에 등장하는 문제의 인물들은 그들의 과거와 신분 때문에 처벌의 대상으로 간주되고 그렇게 자의적 · 타의적으로 과거 청산을 시도하게 된다.[4]

자살과 연애, 아니 좀 더 나아가 사랑하다 죽는 그 일마저 친일의 잔재로 몰 일은 아니겠지만 별 것이 다 위축되고 온갖 게 고개 쳐드는 희한한 자유의 공간에서 남녀의 격정적 사연과 통한의 속내를 들여다보기란 프라이버시란 이름의 모던한 선글래스를 쓰지 않아도 겸연쩍기 이를 데 없는 일이었다. '정치'가 판치고 생전 처음 보는 '이데올로기'가 현란한 너울로 반도를 치댈 때 '사랑'은 작아도 너무 작았고 '청순'과 '가련'은 분단조국의 건국과업을 앞지를 수 없는 어여쁜 기운들이었기 때문이다.

하지만 정사는 그만두고라도 해방공간의 자살인구가 어느 정도였는지 가늠할 근거는 빈곤하기 이를 데 없다. 도무지 얼마나 많은 이들이 사랑 때문에 죽고 얼마나 이를 견뎌냈는지, 적어도 1980년대 이전까지 자살자의 믿을 만한 경험적 통계는 기대하기 힘들다. 되레 강점기 때만도 못한 통계의 빈곤은 뭘 반증하는 걸까. 정녕 기이한 의문 가운데 하나다.

죽음의 통계는 사실 정확을 기하기 힘들다. 정황의 객관성을 담보해야 함은 물론 그 어떤 '조작'과 '폄훼'도 용납해선 안 되며 '방임'과 '배제' 역시 감안해야 할 현실이기 때문이다. 굳이 '범죄'를 연상하지 않는다 해도 그건 죽음의 유형이 생각보다 복잡하다는 점뿐 아니라 병사를 비롯하여 사고사, 유기, 유실, 피살, 자살 및 정사에 이르기까지 상황과 조건을 각기 달리 고려해야 한다는 사실과도 관련된다.

국가건설 과정의 혼란과 무질서를 감안하면 이 같은 문제들까지 세심하게 고려할 여유가 있었을 것인지 연상하기도 그리 어렵진 않다. 생존과 지탱이 단지 삶의 목적이었을 때 '통계'와 '과학' 혹은 '지성'이란 것이 부수적 의미만을, 아니 장식적 메시지만 동원했으리란 생각도 무리는 아닐 터이다. 통계의 과업을 구체적으로 수행하려면 국가가 작정을 하고 나서는 이른바 센서스Census를 염두에 둘 일이겠지만 해방 직후 이를 의식하기란 크게 역부족이었을 것이다.

공신력 있는 통계의 기초자료를 국가나 정부가 동원하지 못하고 신문 기사나 전언 혹은 입소문에 의존했다는 건 분명 비극이다. 국민의 일상까진 아니어도 삶과 죽음을 비롯한 인구의 물리적 존폐가 제대로 파악조차 되지 않았다는 사실은 국가의 치명적 무능이었다. 그나마 신문 기사에 의존한 당대의 통계 기본이 믿음의 얼개를 유지할 수 있으려면 국가 전체 규모의 사망과 유형별 성격분석까지 콘텐츠로 담아내야 했을 것이다.

그러나 신문의 양적 제한은 그만두고라도 기사의 기본이란 것이 사실의 총체적 전달에 있지 않고 특이하고 기발한 현상과 그 전말을 드러내는 데 있고 보면 추적과 분석을 주안점으로 삼는 국가 통계업무의 모든 걸 언론에게 위탁할 까닭도 없었다. 기껏해야 '살인'과 '자살'이라는 예외적(비일상적) 죽음을 의식할 정도의 신문이었고 국가의 모든 특이한 죽음을 섭렵할 언론의 처지도 아니었기에 거기서 다시 정사의 애틋함마저 솎아낼 수 있길 기대한다는 건 무리였을 것이다.

가뜩이나 제한적인 데이터들로 죽음의 현상을 뒤쫓는 일과 함께 염두에 두어야 했던 건 간단없이 이어진 역사의 단절이다. 분단과 전쟁, 의거와 쿠데타로 이어지는 해방 후의 정치적 '들끓음'은 자살이란 통절한 개인사보다 오히려 대량살상과 집단적 피해를 주축으로 한 국가폭력의 일방적 행사를 추적하는 데 더 많은 관심을 기울이게 한 게 사실이다. 통계의 한계도 한계지만 이를 가로막는 더 큰 구조적 원인이 문제였음을 헤아리는 일은 따라서 아무리 강조해도 지나치지 않다.

결국 자살의 증감과 그 가운데 정사가 차지하는 비중의 동반 변화는 '현실'로 드러난다. 하지만 이를 '전체'로 파악할 경험 지표나 나아가 그 변화 추이까지 기대하기란 어려웠던 게 죽음의 연구를 둘러싼 해방 후 한계였다. 그러니까 여기서도 드러나는 건 '전부'가 아니며 보이지 않는다 하여 '없었다'고는 결코 말할 수 없는 모종의 묘연渺然함이 개재하는 셈이다. 따라서 해방 후 현대사에 나타난 자살의 통계분석은 시작부터 이를 염두에 둔 다음에라야 이해가 가능하다.

정사 역시 증감의 현실과 실체 파악이 쉽지 않다. 그렇다고 이제는 아예 사라졌다거나 역사적으로 재현될 가능성마저 희박하다고 내다볼 필요까진 없을 것이다. 과거보다는 세상 관심의 촉수가 덜한 게 사실이고 가족해체와 소외 심화 등 원자화하는 인간관계는 정사 자체를 토픽의 중심에서 밀어냈다고 보는 게 옳을 것이다. 그럼에도 불구하고 '묽다'는 것과 '없다'는 것의 차이는 실제로 '크다'고 보는 게 맞다.

통계의 미비와 빈곤을 무릅쓰고도 해방 후 자살인구의 추이를 뒤쫓는 데 '통계청'과 '경찰청' 자료는 그나마 믿을 만한 국가 데이터의 기본을 이룬다. 하지만 두 기관의 경험적 '집적자료 accumulated data'는 서로 차이가 난다는 점에서 공신력의 대강에 다시 의문을 품게 된다. 물론 데이터 전반에 관한 근본 불신이 아니라 '차이'와 '다름'을 둘러싼 학문적 의구심을 중심으로 자료의 성격과 콘텐츠 구성에 관심을 갖게 된다.

그래도 어쩔 수 없이 두 기관의 자료와 경험적 통계에 기대야 하는 건 일관성 있는 조사와 수집 및 체계적 신고절차에 따라 국민의 죽음을 책임 있게 관리 · 기록하는 대표성 때문이다. 어떻게든 기대고 믿어야 할 최종 대상이 국가라면 '총체적 · 전면적 · 항구적' 집합자료를 관장하는 공적 준거로 통계가 중심 기능을 발휘할 수밖에 없는 까닭도 이해 못할 일은 아니다.

그러나 국가 통계의 경험적 관장을 눈앞에 두고 그것도 국민들의 죽음을 수치화하는 과정에서 두 기관의 성격과 업무처리 환경 차이가 빚는 현실적 문제는 특히 자살 관리와 분석 현장에서 각별히 유념할 일이다.[5] 통계청 자료가 국민들의 자발적 신고, 즉 가족의 사망 사실을 당국에 진솔하게 알린 친족들의 진성眞性 수치라고만 한다면 문제는 간단했을 것이다. 스스로 목숨 끊은 본인을 포함, 자살은 결코 세상에 널리 알리고픈 일이 아니기에 사실 자체의 고의적 은폐나 누락은 배제하기 힘들며 그만큼 통계 산정의 미진한 부분을 감안하지 않을 수 없게 된다. 그 점에서 국가 통계의 허점은 늘 개재하게 마련이다.

이 같은 한계를 극복하기 위한 국가의 노력이 늘 성공적인 것만도 아니라는 데 주목하는 건 중요하다. 즉 사망 사실에 관한 통계청의 직접 확인 노력은 결국 대부분이 데스크 잡 아니면 원시적 사후 확인의 의미만 지닌다는 데 유념하고 보면 경찰청의 그것은 상대적으로 한발 앞선다. 통상적으로 사망을 사건 차원에서 접근하는 경찰청의 자세는 본디 국민의 죽음을 단순한 죽음 그 자체로 보지 않고 모든 사망의 인과관계를 체질적으로 의심하거나 과학의 논리로 풀려한다.

미궁의 '건'으로 사망 사례를 감지하는 경우 죽음의 문제는 더더욱 (사건 접수 여부와 관계없이) 인정認定 수사 대상이 될 수밖에 없다. 게다가 의사의 공식적인 사망진단 소견과 사체검안을 둘러싼 주검의 상세한 접근은 통계청의 형식적 · 도식적 자세보다 공신력 확보에서 상대적 우위를 점한다. 하지만 그 역시 죽음의 완벽한 통계는 아니라는 데 주목해야 하며, 단지 '현상' 자체에 임하는 치밀함과 인과론 확보의 적극적 의미를 발휘할 따름이라는 데 밑줄을 그을 일이다.

임종필은 국민의 자살에 임하는 두 기관의 공적 자세와 그에 담긴 결과론적 장단점을 이렇게 견준다.

우리나라의 사망원인에 대한 공식적인 통계는 매년 통계청에서 발표하는 사망원인 통계다. 통계청의 사망원인 통계는 신고자가 사망진단서와 사체검안서를 근거로 작성한 사망신고서를 기초로 하여 작성되며, 자료가 미비할 경우에는 신고자에게 질의를 하거나 다른 종류의 행정자료를 이용하여 보완 집계한다. 그러나 신고자가 작성하는 신고서의 근거가 되는 사망진단서나 사체검안서를 통해 자살로 판단할 수 있는 경우는 50% 내외이며 40% 정도는 기타의 원인이나 미상으로 기록되어 있다. 또한 신고를 하게 되는 신고자도 대부분이 가족이나 친지이고 여러 이유로 인하여 자살에 의한 사망을 숨기려는 경향이 있다. 그러나 경찰청에서 집계되는 변사 사망자 기록은 범죄에 의한 사망의 가능성 때문에 대부분의 외인사와 일부의 병사에 의한 사망이 그 대상이 되며 사망의 원인으로 타살의 연관 가능성이 완전히 배제될 때까지 충분한 조사를 거치게 되므로 사인을 판단하는데 사망진단서나 사체검안서보다 더 많은 정보를 얻을 수 있다. 즉 정확한 사망의 원인을 알아내는 것은 불가능하더라도 유서의 유무, 사망자의 생전 언행, 발견현장, 목격자의 증언, 가족과 친구를 포함하는 주변인의 증언 등을 통해서 대부분의 경우에 외인에 의한 사망 여부와 자살 여부를 판단할 수 있다. 따라서 경찰청에서 발표하는 자살사망 자료가 실제적인 자살사망자를 더

욱 반영할 것으로 생각된다.[6]

이렇게 보면 순수한 정사의 동기로 자살유형을 다시 나누어 보기란 여간 어려운 일이 아니다. 뿐만 아니라 자살도 구체적으로 패턴을 나누자면 매우 복잡 미묘하며 사후死後에 이를 다시 분류 · 확정하기란 단순치 않다. 유서와 주변의 증언, 목격자 유무란 변수들이 혼재 · 공존한다 해도 정사는 동반자살이란 특수성[7]을 반영할 뿐만 아니라, 만일 어느 한쪽 동반자의 감행이 실패로 돌아갈 경우 생존자 증언과 침묵을 어디까지 신뢰할 것인지 새삼 어렵고 정사의 범주 역시 정확히 가르기란 더 난감할 것이다. 남는 자를 배제한 채 한사코 둘의 합사合死만이 정사라고 본다면 그 구체적 통계 확보는 정녕 가능할까.

문제는 따로 또 있다. 정사의 경험적 추적을 위해 어쩔 수 없이 이 같은 국가통계를 활용하고자 한다면 두 기관이 분류 · 유념하는 자살 분석의 기존 패턴에 종속될 수밖에 없다는 점이다. 아울러 두 기관의 자살 탐색은 어느 경우에도 '정사' 그 자체에 관한 심층접근이 생략 · 배제된다. 경찰청의 과학적 통계 산정은 적어도 1960년대 이전까진 기대하기 어려웠다. 5 · 16 이후 민정이양이 이루어지고 3공의 행정체계가 자리 잡은 다음부터 경찰통계가 국민들의 삶과 죽음을 본격적 관심 대상으로 설정한 건 당연했을 것이다. 통계청 역시 업무의 행정적 필요를 일찍부터 절감했지만 적어도 죽음의 통계가 1980년대 초까지 순연된 건 기이한 일이다. 앞서 밝힌 것처럼 그것도 두 기관의 통계편차를 줄이기 위한 자발적이고도 적극적인 노력의 지연까지 물론 포함해서 말이다.

해방 후 한국사회의 구조적 분화와 기능적 전문화는 그만큼 세상의 복잡화를 유도한다. 죽음의 원인도 복잡계複雜界로서 이승이 지니는 고통의 무게와 이를 배양·확장하는 인간관계의 혼선 혹은 마찰의 크기를 여지없이 반영한다. 여기서의 논의가 두 기관 통계의 절대기준이나 어느 한쪽의 옳고 그름을 찾는 데 맞춰지지 않는 한, 전체 사망인구 가운데 자살의 부피를 헤아리고 그 가운데 다시 정사 요건을 갖춘 특정한 죽음의 의미를 가려내는 작업은 불가피하다.

앞서 밝힌 대로 경찰청의 경험적 추적이 통계청의 그것을 앞지르는 까닭은 모든 죽음을 향한 원초적 의심과 이를 사건화하려는 자세 때문일 것이다. 이는 현상의 단순한 집적이나 산정이라는 물리적 조우에 의미를 부여하기보다 증거와 흔적으로 죽음을 파헤치려는 현장성 강화는 물론 한 인간의 사회적 소멸을 둘러싼 경험적 확인이 인간관계의 종결을 정리하는 필수 절차임을 되짚는 데서 도드라진다.

딱 꼬집어 윤심덕과 김우진의 역사적 리바이벌을 육안으로 확인하기란 꿈꾸기 이상으로 난해하다. 사랑의 이름으로 단행하는 이른바 동반자살의 격감은 해방 후 애정문제의 정치적 처리와 갈등해소의 또 다른 특징으로 자리 잡는다. 제한된 지면에 이에 관한 과학적 분석과 경험적 추론은 여의치 않다. 다만 남녀 갈등의 해소와 그 이례적 단서가 적잖은 변사變死과정을 통해 왜곡되는 실제 사례들을 전국에 걸쳐 확인할 수 있다는 데 아울러 주목해야 한다.

세상은 한결 팍팍하고 싸늘해지고 있었다. 상실과 소외감은 물론 식민의 시대가 주는 척박함과는 또 다른 경쟁과 갈등의 그늘이 삶을 지치게 하고 있었다. 해방의 감격과 그 이후의 시간들이 선물처럼 흩뿌리던 자유의 파편이란 것들도 결국 둔중한 행복의 문을 열어주는 황금빛 열쇠는 아니었던 터다. 밤낮없이 무릅쓰는 살인과 유기 말고도 자살이란 이름의 죽음 형식이 한사코 까칠하기 이를 데 없는 세상 토픽으로 자리 잡았음은 대체 뭘 뜻하는 걸까.

정사는 물론 자살을 포함한 이 시대 죽음을 둘러싼 연구가 죽음학Thanatology이란 영역을 세울 지경에 거뜬히 이른 건 결코 우연이 아니다.[8] 그것은 죽음이 이미 자연사의 세계를 훌쩍 넘어서는 탐구 대상이 되었을 뿐만 아니라, 자살도 그 까닭이 너무나 복잡하여 과잉단순화는커녕 추정과 상상의 한계가 좀체 허용되기 힘든 일임을 새삼 확인하게 된다. 그도 그럴 것이 자살률은 해마다 증가하는 추세이고 특히 남녀 간 애정 문제가 자살로, 그것도 짐작 가능한 죽음이 아니라 기이한 변사형식으로 탈바꿈하는 건 그것만으로도 족히 관심 대상이 된다.

변사의 경로로 자살한다는 건 세상 향해 소리치고픈 욕망의 내용이 그만큼 뒤틀렸거나 고스란히 드러내기 버거웠다는 '늦은 외침'이었으리라. 하는 수 없이 먼저 떠남으로써 더는 견디기 힘든 이승의 족쇄를 끊으려 한 구겨진 속내의 고백으로라도 말이다. 그래서 살아남은 자들의 눈길이 그 주검으로 향해야 할 까닭은 그다지도 서둘러 떠난 저 수만의 '거짓 같은' 사연들 때문이다.

근대적 통계작성 기술과 과학의 얼개를 통해 국가의 온갖 지표들을 체계화하는 동안 '국민의 죽음'은 1960년대 이후에야 그나마 차분한 관심 대상이 된다. 주권상실과 핍박의 세월로 고통 받던 시절까진 그만두더라도 해방이 주는 안온한 정치의식과 문화적 자유에도 불구하고 나라에서 발생한 불행과 아픔의 부피를 정량화할 수 없었다는 건 정녕 문제였다. 하지만 죽음의 유형과 그 속내를 아무리 세목화한다 해도 사랑의 좌절과 극한의 경험세계를 국가 차원에서 전면 수치화하긴 쉽지 않았다.

결과적으로 보면 이제라도 흡족해야 할 '나라 지표' 임에도 불구하고 엄중한 프라이버시의 세계를 넘어서는 적확한 자살수치를 기대하기란 국가 또한 역부족이다. 이를 감안하는 일은 따라서 새삼 중요하다. 앞서 밝힌 대로 통계청을 의식한 경찰청 통계의 상대적 정확도란 곧 사건으로 신고 · 접수되고 수사 진행과 종결을 거친 경우로 맞춰진다. 그러니까 고의적 은폐나 사회적 인지 자체가 불가능한 미확인·미제의 건cold cases은 두말할 필요 없이 배제되는 셈이다.

그러나 거칠게만 합쳐도 반세기간 국내 변사인구 가운데 남녀 간 애정문제로 자살한 숫자가 5만이 넘는다는 사실은 결코 간단한 일이 아니다. 반복 강조했듯 순수한 동반자살로 본래의 정사 개념을 충족시키는 경우는 거의 점멸단계로 진입하고 있었다. 하지만 사랑을 느끼면서도 그처럼 왜곡된 표현으로 자해의 극한을 달린 경우의 수가 실제 수만에 달했다는 건 사회안전망 개념은 물론 인간적 소통과 교류의 가능성이 그만큼 폐쇄적이었음을 잘 말해준다.

국내의 '죽음 연구' 역시 세기말에 이르도록 지체되거나 신중론에 젖어 있던 까닭도 여기서의 논의 대상은 아니다. 하지만 특정 죽음에 관한 집중 분석조차 유예 · 지연되고 있었던 건 적어도 주제 자체에 관한 학문적 거부감이나 인문학적 생소함과는 또 다른 한계로 남을 것이다.[9]

- 해방 후 한국 현대사를 관통하는 자살의 사회사에서 남녀 간 애정 좌절과 고통이 원인이 된 경우는 적잖았다. 변사의 절대 원인은 대부분 상대 이성을 향한 의심과 분노에서 비롯된 절망의 증가와 소외의 숙성이었다. 그에 따른 한탄과 도피의 대안을 찾는 와중에 정신적 피폐를 해소하거나 사회적 고립의 해결 통로로 '자살'만큼 넓은 문은 없었다.
- 무엇보다 특이한 공통점은 애정 변사사건에서 남자의 자살은 어느 한 해 빠짐없이 지속적 우위를 차지한다는 '현상적' 사실이다. 세상 여러 영역에서 물리적 · 육체적 능력의 우위와 경제사회적 주도권을 점유해 온 남성 지배력은 자살이란 이름의, 그리고 하필 사랑을 핑계 삼은 죽음의 현장에서도 자기 자신에게 한결 폭력(혹은 부정)적이었다.
- 남녀문제로 인한 변사(자살)의 인구변동 추이는 불규칙하다. 하

지만 초반 상승세와 이후의 하강세는 점멸과 부침의 구조적 특징을 드러낸다. 그럼에도 불구하고 그 같은 점진적 약세가 현상 자체의 완전 소멸이나 절대적 퇴조를 반증한다고 단언하긴 힘들다. 현재로선 최고점(1975)을 기록한 시기와 최저점(2008)을 드러낸 당대 교차파동의 성격 혹은 의미 분석에 주목할 일이다.

- 그럼에도 불구하고 눈여겨 볼 대상은 정사의 현저한 퇴조와 그 사회경제적 까닭의 '적합성'이다. 뿐만 아니라 죽음을 고려할 만큼 진지하고 순수한 자세가 소멸해 가는 세상의 지독한 이기주의에 관해 철학적으로 천착할 필요가 '있음'이다.

이 같은 사실들을 파고들 경험적 지표로 다음 표와 그림은 매우 압축적이다. 무엇보다도 이는 경찰청에서 발표한 연도별 통계 가운데 '치정癡情/jealousy · 실연失戀/lovelorn · 부정不貞/infidelity'을 중심으로 한 해방 후 변사사건 처리에 주목한 결과다. '달리 분류되지 않은 증상, 징후'로만 자살동기의 복잡성을 과잉단순화하는 통계청 자료와는 달리 이 자료는 정확성과 과학적 근거를 통한 상대적 변별력을 지닌다.

자살자의 변동 추이가 주기적 반복성을 보이지도 않고 미래의 확실한 단서조차 찾을 수 없는 상황 속에서 그나마 감지할 수 있는 변화조짐 한 가지는 파동 기운이 전반적으로 하강한다는 사실이다. 그렇다고 그 방향이 현상의 전멸과 '반복불가'를 전제하는 건 결코 아니지만 말이다. 하지만 1970년대 중반, 최고조에 달한 애정 자살인구가 세기의 전환기에 이르러 다시 상승기류를 타는 실정이나 한 세대 후 또 한 번 급감하는 등 예측 못할 인구변동의 기복을 되풀이하는 건 특이하다.

세기말의 자살 문제를 구조적으로 파헤친 박형민 역시 수치 변동의 성격을 꼼꼼히 따진다. 특히 남성 자살인구가 여성보다 월등한 점이나 경우에 따라 여성의 민감한 우위가 지니는 상대성 혹은 그 역설적 의미에 주목한다. '1997-2006'년 간 이 땅에서 감행한 자살인구를 100으로 볼 때 그는 가족과 애정 문제 때문이었던 경우의 수가 일약 삼분의 일이 넘는다는 데 초점을 맞춘다.

> 수사기록을 살펴보았을 때 가족·애정 문제는 전체 자살자의 33.9%에게 문제가 되었다. 이중 가족이나 애인(내연관계 포함)과 갈등을 겪고 있었던 경우가 33.5%로 가장 높은 비율을 나타냈으며 이혼이 문제가 되었던 경우가 14.1%, 애인이나 내연남(또는 내연녀)으로부터 실연을 당한 경우가 12.1%, 가족이나 의미 있는

[표_3] 해방 후 변사자 경찰통계 중 '치정 · 실연 · 부정' 자살자 남녀 수치 증감

(단위 : 명)

연도	남자	여자	계	연도	남자	여자	계
1964	660	448	1,108	1988	536	266	802
1965	757	476	1,233	1989	526	313	839
1966	836	553	1,389	1990	505	214	719
1967	625	478	1,103	1991	571	189	760
1968	635	444	1,079	1992	400	251	651
1969	841	512	1,353	1993	491	172	663
1970	1,236	588	1,824	1994	333	149	482
1971	1,177	664	1,841	1995	290	185	475
1972	1,182	626	1,808	1996	307	191	498
1973	1,323	616	1,939	1997	326	183	509
1974	1,345	547	1,892	1998	470	246	716
1975	1,689	688	2,377	1999	564	251	815
1976	1,299	686	1,985	2000	884	283	1,167
1977	1,347	605	1,952	2001	780	266	1,046
1978	1,497	604	2,101	2002	995	336	1,331
1979	1,215	514	1,729	2003	664	281	945
1980	1,294	452	1,746	2004	740	270	1,010
1981	1,149	594	1,743	2005	989	425	1,414
1982	982	436	1,418	2006	839	425	1,264
1983	924	373	1,297	2007	559	332	891
1984	766	455	1,221	2008	183	149	332
1985	498	310	808	2009	610	430	1,040
1986	555	286	841	2010	347	260	607
1987	505	327	832	합계	37,246	18,349	55,595

출처 : 「경찰통계연보」(1964–2010)

[그림_3] 해방 후 연도별 · 남녀별 애정 문제 자살자 증감 현황(1964-2010)

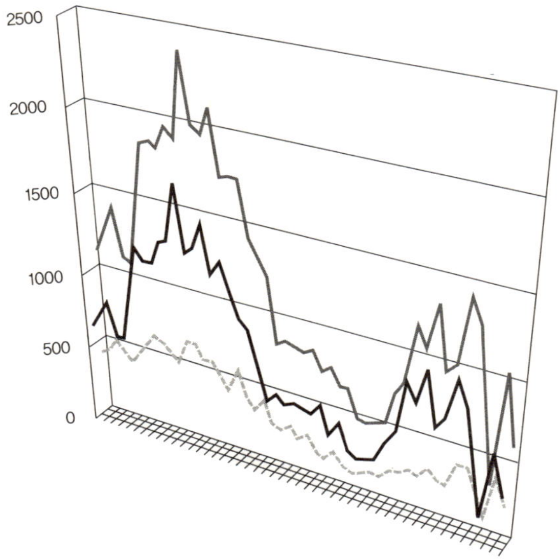

사람과의 사별로 고통을 받았던 경우가 11.6% 등이었다. … 자살 당시 겪었던 가족 · 애정 문제들을 성별로 살펴보면 66.7%가 남성, 33.7%가 여성이었다. 문제의 구체적 내용을 성별로 살펴보면 사별이 문제가 되었던 사람들의 82.7%가 남성, 17.3%가 여성으로 사별의 경우는 남성들에게 더 큰 문제가 된 것으로 나타났다. 이혼이 문제가 되었던 경우도 남성이 76.2%, 여성이

23.8%, 실연이 문제가 되었던 경우도 남성이 70.4%, 여성이 29.6%로 남성의 비율이 상대적으로 더 높았다. 반면 갈등이 문제가 되었던 사람들의 62.7%가 남성, 37.3%가 여성으로 갈등은 상대적으로 여성에게 더 많은 문제가 된 것으로 나타났다. 의도가 문제가 되었던 경우도 남성이 61.3%, 여성이 38.7%, 가족에게 문제가 발생한 것이 문제가 되었던 경우도 남성과 여성이 각각 50.0%였다.[10]

국가의 공식통계와 수사기록 및 유서를 바탕으로 한 그의 분석은 이처럼 자살인구의 상당부분을 차지하는 '가족'과 '애정' 문제의 항상적 요인을 지적한다. 하지만 정작 성별요인의 상대적 불균형과 시대적 지탱력 배양 · 확장 원인은 드러내지 못한다. 이는 물론 별도의 치밀한 계획과 심층적 수행 조건을 필요로 할 것이다.

다만 드러난 자살현상의 배경을 헤쳐나가는 과정에서 애정문제를 둘러싼 남성 자살인구의 단순성과 무책임성, 자기중심성에 이어 이들 모두를 압축 대변하는 부정적 폭력의 속성에 강한 여운을 감지하게 된다. 이 같은 통시대성이 과연 국가별 공시성이나 공간적 · 횡적 보편성을 확보할 만큼 글로벌한 것일는지는 더 관찰해야 할 일이다. 중요한 것은 사랑을 느끼고 지탱하는 '관계'의 정치와 그것이 중대한 장해와 좌절로 심각한 위기를 맞이할 경우 이를 처리 · 극복하는 '문제'의 개인별 '정책' 차이다. 나아가 이를 인식하는 방법의 문제다.

거기에는 모종의 긴장과 차이가 엄연하다. 아울러 과연 자살의 '의식'과 '의지'를 매개하는 건 용기인지 아니면 우발적 · 도발적 폭력인지를 구분하는 과업이 늘 개재한다. '죽고 싶다'는 욕망과 '죽겠다'는 의지, 그리고 실제로 '죽는' 그 일 사이에는 서로 다른 설명 불가능한 변수들이 개입하게 마련이다. 따라서 이들 각기의 모습은 죽음이라는, 그리고 자살이라는 독특한 실천에 이르는 필수의 '단계'로 보기보다 아예 서로 다른 판단과 생각의 심급審級으로 이해할 이유가 충분하다.

결국 '죽기'는 '살기'보다 어렵고 '자살하기'는 천수를 '누리기'보다 훨씬 힘겹다. 게다가 목숨이 다하여 죽거나 스스로 끊기보다 더 힘든 지상 최대의 고통은 오늘 이 순간을 '이대로' 살아내는 일이다. 죽지 못해 살거나 살지 못해 죽는다는 얘긴 언어의 유희겠지만 살며 치르는 무리수 가운데 자살의 결행에도 남녀 구분이 엄연하고 계층과 의식 차이가 선명하다는 사실은 아무리 강조해도 지나치지 않는다.

연령과 계층 차이에 따른 사람들의 자살 '생각'을 연구한 경우에도 이에 관한 반성과 지적은 어김없다. 특히 횡단면橫斷面적 자료를 이용·분석한 연구의 경우 자살의식과 단행 사이에 손쉬운 인과관계를 끌어낼 수 없다고 보는 견해는 일반적이다.

강은정은 이렇게 말한다.

> 실직이 자살을 생각하게 한다든가, 만성질환이 자살을 생각하게 한다는 등의 결론은 내릴 수가 없다. 앞으로는 자살 생각과 관련성이 높은 요인들과 자살과의 보다 정확한 관계를 연구할 필요가 있다. 두 번째는 자살 생각이 곧바로 자살로 이어지는 것은 아니라는 점이다. 단적인 예로 여자가 남자에 비해 자살 생각은 더 많이 하지만 자살률은 남자가 더 높다. 따라서 본 연구결과를 곧바로 자살 사망률을 감소시키는 데 이용하기는 어렵다.[11]

그럼에도 불구하고 원인의 다양한 분화와 주관적 핑계 확장과 함께 이 땅의 자살인구는 꾸준히 성장하고 있다. 그것은 국가의 무능과 권력의 무기력을 반증하며 시민과 공공정책의 단절 혹은 허구성을 잘 말해준다. 자살은 이제 지상의 온갖 가혹한 진실 가운데 하나이며 불편하기 그지없어도 또렷이 마주해야 할 현실이다. 세기의 전환기를 거치며 들뜬 채 맞이한 새 세상 꿈이 산산조각나 버려도 하릴없이 그 파편이나마 주워 꿰맞추거나 스스로 동정할 여유조차 자살자들은 허락지 않는다. 산 자들의 곁눈질조차 그들은 잊고 떠난 지 오래다. 수천수만을 넘어 수십만에 이르도록 말이다.

돌아보다 죽다 : 넘쳐나는 미련과 절제의 빈곤
| 04_주 |

1_ 신영미, “한국 근대소설에 나타난 자살과 낭만성의 관련 양상 연구,” 인하대학교 대학원 국어국문학과 박사학위논문(2009), pp. 2-3.

2_ 천정환, “관음증과 재현의 윤리 : 식민지 조선에서의 ‘근대적 시각’ 의 성립에 관한 일 고찰,” 한국사회사학회(편), 『사회와 역사』 제81집(2009), pp. 37-68.

3_ 이에 관해서는 다음 참조할 것. 가와세 키누(川瀨絹), “김우진과 윤심덕의 죽음 : 당시 일본의 자살관으로 본 새로운 측면(金祐鎭と尹心悳の死 : 當時の日本における自殺から見た新たな側面),” 경상대학교 일본문화연구소(편),

『일본학보』 제4집(1997), pp. 127-174 ; "윤심덕 '情死' 攷," 한국연극학회(편), 『한국연극학』 제11집(1998), pp. 375-395 ; 홍창수, "김우진 작가 의식과 죽음에 관한 연구," 『한국근대문학연구』 제1권 제2호(2000), pp. 10-47 ; 노동은, "식민지 근대화와 신여성 최초의 여가수 윤심덕 : 허무주의의 비가," 역사비평사(편), 『역사비평』 통권 19호(1992년 여름호), pp. 245-249.

4_ 이미연, "해방기 소설에 나타난 친일문제 대응양상연구," 세종대학교 대학원 국어국문학과 석사학위논문(2011), pp. 75-76.

5_ 이에 관해서는 다음 연구를 참조할 것. 임종필, "통계청과 경찰청의 자살사망 통계에서 나타나는 차이에 대한 연구," 서울대학교 보건대학원 석사학위논문(2006).

6_ 윗글, p. 26.

7_ 그러나 궁핍과 역경을 이겨내지 못하여 대부분 극도의 가족 좌절로 단행되는 강제적 동반자살의 경우는 같은 동반성을 지닌다 해도 정사와 분명히 다르다. 이에 관해 다음 참조할 것. 정승민, "동반자살에 관한 연구," 한국공안행정학회(편), 『한국공안행정학회보』 제18호(2004), pp. 415-454 ; 손현균 · 김이영 · 안동현, "한국의 동반자살," 한양대학교 정신건강연구소(편), 『정신건강연구』 제16호

(1997), pp. 181-193 ; 김형수 · 황춘규, "한국사회의 동반자살에 관한 연구 : 신문 기사를 중심으로," 전남대학교 지역개발연구소(편), 『지역개발연구』 제38집 1호(2006), pp. 29-50.

8_ David Echelbarger, "Spirituality and Suicide," in Kenneth J. Doka and John D. Morgan, eds., *Death and Spirituality*(Amityville, NY.: Baywood Publishing Co., 1993), pp. 217- 225.

9_ 그러나 다음 일련의 연구들은 중요한 예외로 간주할 일이다. 김부연, "한국인 자살 양상의 시계열 경향 분석 : 경찰청 자살 통계(1964-1995)를 중심으로," 고려대학교 교육대학원 간호교육전공 석사학위논문(1997) ; "사망원인 통계의 발전방향에 관한 연구," 통계청(편), 『통계분석연구』 제4권 2호(1999년 가을), pp. 1-30 ; "한국인의 사망원인 구조 변동추이," 통계청(편), 『통계연구』 제10권 2호(2005), pp. 1-26.

10_ 박형민, 『자살, 차악의 선택 : 자살의 성찰성과 소통 지향성』(서울 : 이학사, 2010), pp. 89-90.

11_ 강은정, "연령 계층별 자살생각과 관련된 요인," 한국보건사회연구원(편), 『보건복지포럼』 통권 제107호(2005. 9), p. 86.

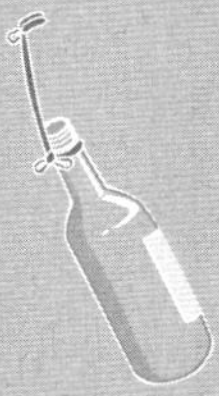

오늘의 정사는

보여도 드러나지 않으며 희미하건만 질기고 아쉽게 지탱한다. 그 같은 미미함이 희소의 미학을 반영한다면 자살의 전체 변동 부피는 차라리 익숙하고 자연스런 역사인 양 곡해할 지경이다.

사랑하다 죽다

05_

그러나 정사情死 드문 세상

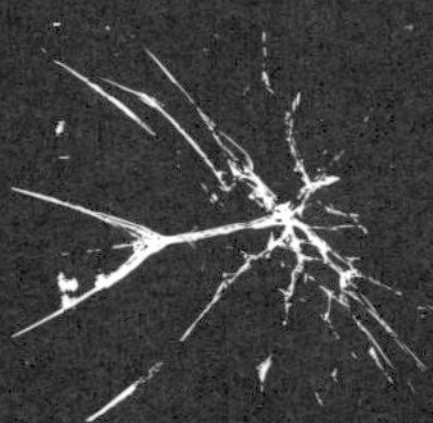

오늘의 정사는 보여도 드러나지 않으며 희미하건만 질기고 아쉽게 지탱한다. 그 같은 미미함이 희소의 미학을 반영한다면 자살의 전체 변동 부피는 차라리 익숙하고 자연스런 역사인 양 곡해할 지경이다. 전체 속의 개체야 늘 외롭고 미미하다지만 이 부분은 특히 쓸쓸히 지탱한다. 그렇다고 스스로를 돋보이게 할 무슨 대단한 정치력이라도 발휘할 가능성조차 없다.

그러나
정사情死 드문 세상

사랑의 좌절을 국민 각자의 지극히 사적인 일들로 보자면 국가가 '정사'에 개입할 여지는 좁을 것이다. 하지만 그처럼 일찍 사라지는 인구가 남녀 수천 수만을 다 합쳐 십만을 향한다면 문제는 다르지 않을까. 자살은 이 땅에서 이제 어느 한 개인이나 가족의 힘만으로는 막지 못할 거대한 흐름으로 자리 잡는다. 그다지 놀라지도 않는 세태 속에서 주변 사람들만 애틋해하거나 기억하는 이들의 아련한 회고 대상쯤 변질된 자살의 사회적 고착화는 이제 추세가 아니라 현실이다.

대체 어느 정도인지 살펴보자. 자연사 인구와 자살인구의 대비는 물론 남녀 문제로 인한 갈등 처리가 변사의 경로로 왜곡되는 경우까지 모두를 '전체'로 아우르자면 통계의 밝힘은 불가피하다. 최근의 경우를 들여다 보자. 2009년 사망자 총계는 246,942명으로 전년대비 829명(0.3%)이 증가한다. 인구 10만 명당 사망자는 497.3명으로 전년대비 0.2% 감소했으나 10-30대 사망률은 늘고 10세 미만과 40세 이상 전 연령층에서 사망률이 감소한다. 한국인의 10대 사인死因은 악성신생물(癌), 뇌혈관 질환, 심장 질환, 고의적 자해(자살), 당뇨병, 운수사고, 만성하기도 질환, 간질환, 폐렴, 고혈압성 질환으로 총사망자의 70.9%를 차지한다.

2008년 대비 자살(19.3%)과 폐렴 사망률(15.2%)은 늘고 뇌혈관 질환(-8.0%)과 당뇨병 사망률(-5.1%)은 감소한다. 최근 10년 간(1999-2009) 주요 사망원인별 사망률 추이를 들여다 보면 1999년 대비 자살과 폐렴, 암 사망률은 증가하지만 뇌혈관 질환과 운수사고 사망률은 감소한다. 하지만 특이하게도 자살 사망률은 16.1명(107.5%) 증가한다. 질병 사망의 경우 폐렴 사망률은 6.0명(89.5%), 암 사망률은 26.4명(23.1%)이 각기 증가한다. 반면 뇌혈관 질환 사망률은 20.8명(-28.6%), 운수사고 사망률은 11.8명(-45.1%) 감소한다. 뿐만 아니라 2009년 암 사망률(인구 10만 명당)은

140.5명으로 전년대비 0.7% 증가했고 전년대비 10대 이하를 제외한 전 연령층에서 암 사망률이 감소하고 있다.

그러나 자살의 증가는 급격한 경제 · 사회 변동에 따른 가치관 혼란과 고령 인구증가는 물론 사회안전망 부족, 가족유대관계 약화와 관련이 있던 것으로 보인다.[1] 사망수치의 정확성 여부와는 별도로 국가의 공식집계 결과 일정 시기에 이르러 자살자 숫자가 연간 1만 명이 넘는 시대로 진입한다는 건 분명 심각한 일이다. 2003년을 분수령으로 이제 우리나라의 연간 자살인구는 인구 10만 명당 20명이 넘어서는 시대로 진입한다. 한 해 12,011명이 자살하는 2005년 경우를 보면 월평균 천명 꼴로 스스로 목숨을 끊었고, 이를 다시 하루로 평균 환산하자면 내륙 Z- 도에서 4-5명 정도가 매일매일 자의로 이승을 등진 셈이다.

보다 구체적으로 우리의 자살 추세를 살펴보면 연간 자살자 수는 1988년 3,057명에서 2010년 15,566명에 이르기까지 지속적인 증가세를 보인다. 인구 10만 명당 자살률은 1991년 7.3명에서 점진적으로 증가하다가 1996년과 1997년에 각각 12.9명과 13.1명으로 소폭 상승했고, 외환위기를 맞은 1998년에 18.4명으로 대폭 상승하여 정점에 이른다. 그 이후 다시 감소하기 시작하여 2000년 13.6명과 2001년 14.4명을 기록, 안정세를 되찾는 듯

했으나 경기가 다시 악화되기 시작하면서 2002년 17.9명, 2003년 22.6명, 2004년 23.7명, 2005년 24.7명으로 계속 증가한다. 2006년에는 2000년 이후 6년 만에 자살률이 감소하지만 21.8명으로 여전히 높은 실정이었다.[2]

그러나 2009년에 이르면 급기야 인구 10만 명당 20명 선線도 무너져 31.0명 이상의 시대로 돌입한다. 총 자살인구도 어느덧 15,000이 넘어설 만큼 급증한다. 무엇이 그들을 자살로 내몬 것일까. 이대로라면 자살의 거침없는 추이는 머잖아 연간 2만의 시대를 바라보는 상황이다. 앞서 살폈듯 사망의 원인이야 다양하지만 크게 나눠 '자연사'와 '질병' 및 '사고'와 함께 '자살'이 대표 패턴이라면 그 변화 추세는 꾸준한 주목 대상이다.

자살통계 작성의 경험적 근거를 달리하는 경찰청 집계라고 하여 압도적 차이를 드러내진 않는다. 죽음의 현장 확인과 증거 제일주의를 기본으로 삼는 경찰수사를 감안할 때 같은 자살이라 해도 두 기관 통계 편차가 분명한 건 전혀 이해 못할 일이 아니다. 때로는 수백에서 천 단위에 이르는 기관별 편차의 설명이나 과학적 변명이 아쉽기도 하지만 거시분석이나 흐름의 전반을 포착하는 데는 큰 차이가 없다.

2010년 6월을 기준으로 자살의 심각성을 헤아리자면 경찰통계 역시 현실의 만만치 않음을 잘 말해준다.

경찰청은 지난해 국내에서 자살한 사람이 14,579명으로 2008년(12,270명)보다 18.8% 늘어난 것으로 집계됐다고 2일 밝혔다. 우리나라의 자살 사망자는 2005년 14,011명으로 정점에 오른 뒤 2006년 12,968명, 2007년 13,407명, 2008년 12,270명으로 주춤하다 4년 만에 다시 14,000명을 넘어섰다. 연령별로는 61세 이상이 4,614명(31.6%)으로 가장 많았고 40대가 2,770명(18.9%)으로 뒤를 이었다. 이어 30대(17.2%), 50대(16.6%), 20대(12.2%) 순이었고 20세 이하도 3%(452명)에 달했다. 연령대별 증가율은 50대가 31%(575명) 늘어 가장 높았고 20세 이하에서 29%(102명)가 증가했다. 30대도 20.3%(424명) 늘었다. 특히 20대 자살은 2005년 1,428명을 기록하고 2006년 1,148명으로 감소한 뒤 지난 3년 간 최대 35% 증가했다. 성별로는 남성이 9,395명(64.4%), 여성이 5,167명(35.4%)명이었다. 20대에서 여성이 1명 많았던 것을 제외하면 전 연령대에서 남성의 자살 사망자가 더 많았고 40대와 50대에서는 남성이 여성의 각각 2.4배, 3.1배나 됐다. 자살원인은 정신적 · 정신과적 문제(4,123명, 28.2%)가 가장 많고 다음은 질병(3,190명, 21.8%)이었다. 이어 경제 문제(16.1%),

가정 문제(12.5%), 남녀 문제(7%), 직장 또는 업무상 문제(6%) 순이었다. 경제 문제는 20세 이하 자살 사망자의 원인 중에는 1.7%에 불과했지만 20대 15.4%에 이어 30-50대에서는 20-24% 가량을 차지하며 정신적 · 정신과적 문제에 이어 두 번째로 많은 희생자를 내는 원인이 됐다.[3]

오르내림은 간헐적으로 반복하되 전반적으로 가파른 상승세를 타는 우리의 자살률 변동은 특이하다. 아울러 그 기세가 꺾일 조짐도 현재로선 불분명하다. 그것이 현실이다. 자살결행의 의지는 자주 엿보이나 실제 저지르는 '빈도'와 '부피'에서 남성인구에 훨씬 못 미치는 여성 자살도 안심할 수준은 아니다. 단순한 듯 보여도 치밀하며 순수와 열정의 덩어리인 양 자신을 감쌀 수 있어도 언어로 표현하기에는 기실 매우 복잡하고 형용 불가인 까닭이야 잘 알려진 사실이지만 의식과 행동에서 이 땅의 여성들이 보이는 정치적 불일치 역시 독특한 게 사실이다. 노인자살도 동시에 주목하게 되는 현상이다.

2010년 통계만 보아도 한국 중부권은 자살의 최대 취약공간이었다. 자살률은 '충북'이 제일 높고 자살인구는 '충남'이 최고였다. 좁은 지면에 많고 많은 이들의 답답한 사연들을 어찌 다

밝힐 수 있겠는가마는 하루 평균 42.2명꼴로 평균 34분마다 1명이 스스로 목숨 끊는 세상이 한국임을 믿어야 하는 셈이고 보면 얘긴 아득해진다. 그것이 그들 각자의 '최선'이었는지 아니면 '차악次惡'이었는지와 관련해서 말이다.

> 충북지역은 인구 10만 명당 475.8명이 사망해 사망률이 전국 최고 수준인 것으로 나타났다. 통계청이 9일 발표한 '2009년 사망원인 통계 결과'에 따르면 지난해 우리나라의 총 사망자는 지난해보다 829명(0.3 %) 늘어난 246,942명을 기록했다. 하루 평균 677명이 숨진 것이다. 특히 암, 뇌혈관 질환, 심장 질환으로 인한 사망자가 절반에 육박했다. 암 사망률은 폐암, 간암, 위암 순으로 집계됐으며 20대 이하는 백혈병, 30대는 위암, 40-50대는 간암, 60대 이상은 폐암 사망률이 높은 것으로 조사됐다. 신종플루로 인한 사망자도 140명에 달했다. 지역별 사망률로는 시도별로 충북, 울산이 표준인구 10만 명당 475.8명, 468.1명으로 가장 높은 반면 서울이 361.3명으로 가장 낮았다. 그리고 사망 유형별로는 운수사고 사망률은 전남이 25.8명으로 가장 높았고 자살은 충남이 38.8명으로 1위를 기록했다. 자살에 의한 사망자수는 15,413명으로 2008년보다 2,555명(19.9%)이 늘었다. 일평

균 42.2명, 평균 34분마다 1명이 스스로 목숨을 끊은 셈이다. 연령별로는 30대, 10대가 지난해보다 각각 6.9%포인트, 5.5%포인트 늘어난 반면 80대 이상, 1-9세의 사망률은 각각 6.1%포인트, 3.1%포인트 감소했다. 자살 사망자는 전체 사망률의 6.2%를 차지해 사망원인 4위를 기록했다. 자살 사망률은 인구 10만 명당 31.0명으로 10년 전인 1999년에 비해 무려 107.5%나 증가한 것으로 나타났다. 자살의 연령대는 10대부터 30대까지 사망원인 1위였으며 또한 40대와 50대에서도 2위를 기록했다. 자살률은 1990년대 초 이후 증가해 오다가 1998년을 기점으로 감소한 뒤 2000년도부터 꾸준히 오르고 있는 것으로 파악됐다. 인구 10만 명당 자살 사망자 수인 자살 사망률은 31명으로 2008년보다 19.3% 늘었으며 남자 자살률은 19.7%, 여자 자살률은 18.5%가 증가한 것으로 나타났다. 2008년에 비해 10대 이후 전 연령층에서 자살률이 증가했으며 10대는 40.7%, 30대 26.9%. 50대 24.9% 순으로 자살률이 증가했다. 자살률은 10대부터 30대까지 사망원인 순위의 1위였으며 40대와 50대는 사망원인 순위 2위였다. OECD평균 자살률이 11.2명인 데 비해 한국은 28.4명으로 OECD 회원국 가운데 가장 높았다.[4]

그러나 더욱 눈여겨 볼 현상은 여기서 추적한 정사의 고전 개념이 현저히 줄어든다는 점이다. 현재로서는 그 같은 전반적 감소가 정사의 완전 사멸을 뜻할 만큼 절대적인 건 아니다. 그것은 경찰청 통계에서 이미 확인한 변사 수치의 유형별 변화추이를 염두에 둘 때 더 두드러진다. 변사 발생통계 중 앞서 살핀 자살의 세 가지 패턴은 대부분 정사와 직접 관계가 없는 경우였다.

그들은 좋아도 너무 좋아서, 괴로워도 한없이 괴로웠기에 동반 자살을 삶의 마지막 방편으로 정한 절박한 경우의 수는 아니다. 그보다는 사랑의 극치를 어느 한쪽의 이상異常 집착과 병적 의심으로 맞바꾸려 들거나 혹은 배우자의 부정과 배반을 극단의 자기 파괴로 표현하려는 이례적 폭력성을 그대로 반영하기 때문이다.

사랑하다 죽지만 그 경우들 대부분은 '사랑으로' 같이 목숨 걸거나 '사랑 때문에' 함께 이승을 등지는 과거의 낭만성을 보이기보다 주관적 분노나 의심에서 비롯된 자기 파괴적 행태를 보인다. 원인은 '사랑이지만' 결과는 '홀로 무너지는' 예외적 일탈행위로 볼 일이다. 변사자 발생통계 가운데 '그들'만을 선별 집계할 경우 드러난 특이한 변화 추세 역시 불규칙적이고 예측 불가능하다는 사실은 그 밖의 자살통계 전반과 비교할 때 크게 다르지 않다.

그럼에도 불구하고 주목할 필요가 있는 것은 국가 통계행정의 제도화 이후 드러난 (남녀 문제로 인한) 자살인구 변동의 성격이다. 무엇보다 두드러진 현상은 지난 30여 년 간 '국내 총 자살자 증감 현황' 대비 '국내 애정 변사자 자살인구'의 상대성이다. 다시 말해 국내에서 발생한 기왕의 총 자살인구 변화 속에서 후자가 차지하는 비중의 상대성을 고려할 때 해가 갈수록 그 편차는 현격히 벌어진다는 점이다. 전체 자살률의 놀랄 만한 증가세를 의식할 때 이는 애정 변사 인구의 증감률을 감지할 수준이 전혀 아닌, 즉 체감體感의 빈곤을 대변하는 일일 수 있을 것이다. 실제로는 후자 역시 상당히 '증감'하고 있지만 변동의 총체성이 워낙 강하고 크고 빠르며 높기 때문에 거의 자각하기 힘든 '변화율'로 말이다.

다음 표와 그림은 이를 감안하여 읽을 필요가 있다. 〈표 4〉는 통계청이 발표한 각종 나라 지표 가운데 국내 총 사망인구의 원인별 분류자료에서 자살의 경우만 선별 종합한 결과다. 동시에 이를 시각적으로 변별하기 위해 그래프로 변화 추세를 다시 살피고 자살인구 변동의 과거 부피를 애정 변사자의 그것과 강제로 병렬 처리한 게 다음 〈그림 4〉다.

여기서 선명히 읽을 수 있듯 애정 변사자의 인구변동 크기

[표_4] 국내 총 자살인구와 자살률의 증감(1983-2010)

연도	자살자수 (명)	자살률 (인구 10만 명당)
1983	3,471	8.7
1984	3,498	8.7
1985	3,802	9.3
1986	3,564	8.6
1987	3,425	8.2
1988	3,057	7.3
1989	3,133	7.4
1990	3,251	7.6
1991	3,151	7.3
1992	3,628	8.3
1993	4,208	9.4
1994	4,277	9.5
1995	4,930	10.8
1996	5,959	12.9
1997	6,068	13.1
1998	8,622	18.4
1999	7,056	15.0
2000	6,444	13.6
2001	6,911	14.4
2002	8,612	17.9
2003	10,898	22.6
2004	11,492	23.7
2005	12,011	24.7
2006	10,653	21.8
2007	12,174	24.8
2008	12,858	26.0
2009	15,413	31.0
2010	15,566	31.2

출처 : http://kosis.kr/abroad/abroad_01List.jsp

는 국내 총 자살인구 변화 추세 속에서 단지 하위요소로만 움직일 따름이다. 이 같은 현저한 편차 속에서 순수 정사의 변화를 찾고 새삼 읽어내기란 그 또한 미미한 수준임을 알 수 있다. 보이지 않을 만큼 있을 것으로 추정 가능하며 오르내려도 그 기운을 거의 감지할 수 없게 되어버린 '그것.'

오늘의 정사는 '보여도' '드러나지 않으며' '희미하건만'

[그림_4] 1983-2010년 간 한국의 자살인구 변동 : 전체와 부분

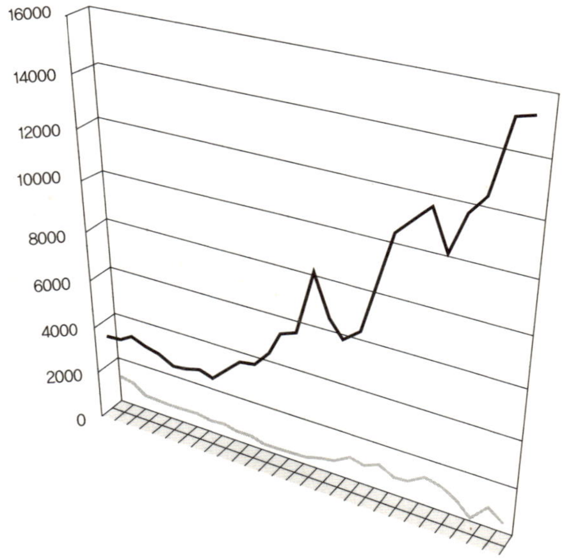

'질기고' '아쉽게' 지탱한다. 그 같은 미미함이 희소함의 미학을 반영한다면 자살의 전체 변동 부피는 차라리 익숙하고 자연스런 역사인 양 곡해할 지경이다. 더 진솔히 표현하자면 국가 공식통계에서 정사는 아예 '항목'으로 분류 · 인정조차 불가능한 실정이다. 따라서 객관적 '감지'와 '확인'을 위해 공론장의 내용물로 등재조차 할 수 없는 게 현실이다.[5]

'전체' 속의 '개체'야 늘 외롭고 미미하다지만 이 '부분'은 특히 쓸쓸히 지탱한다. 그렇다고 스스로를 돋보이게 할 무슨 대단한 정치력이라도 발휘할 가능성조차 없다. 30년 세월의 전후 맥락을 모조리 배제한 채 역사의 한 시기를 선별 추출하여 임의 관찰 · 분석하는 '그 일'은 사뭇 부자연스럽다. 하지만 '부분만으로도' 슬픈 사연이 〈표〉와 〈그림〉 전체에서 사무치도록 흐르고 묻어나는 건 더는 강조할 일이 아닐 터이다.

미약한 지탱은 금세 홀대와 외면 대상이 되게 마련이다. 안 그래도 마뜩치 않던 정사의 사회현상이 지배적 조류에서 이탈 · 감소한다는 사실은 기왕의 편견과 곡해를 이끈 네거티브 가치를 아예 굳히거나 이제는 기억 항목에서조차 배제하기 십상인 조건을 마련한다. 그 결과 정사는 곧 사라진 현상인 양 착각하거나 아니면 그와 동일시하는 무의식적 관행이 빈자리를 메우려 든다.

아니면 그건 그것대로 기형의 습관이라도 된 걸까.

정사를 미미한 동반자살쯤으로 이해하는 관례는 굳어가고 있다. 더 정확히 표현하자면 '사라지는 동반사同伴死'쯤으로 헤아려도 무방할 것을 사람들은 이제 그것이 박제된 표상이거나 다시는 재현되지 않을지 모를 과거로 짐짓 신비화시켜 버리곤 한다. 그도 그럴 것이 이제 세상은 사랑에 '속거나' 사랑에 '울지' 않기 때문이다. 사랑에 목매고 죽음마저 불사할 총체적 의존을 기꺼운 삶의 지표로 세우지 않는 한, 이루지 못할 '관계'를 완성하거나 적어도 세상에 이를 흔쾌히 알리기 위해 자신을 던지는 일이란 좀체 빈발하기 어려운 나날들이다.

정신적 승화의 극명한 계기로 미련 없이 육체를 바치거나 적어도 이 같은 의지의 일단을 드러내기 위해 '비장한 사랑'을 핑계 삼는 정치적 시도는 둔화한 지 오래다. 그렇게 모든 걸 주고 그렇게 모든 걸 버리기엔 오늘의 인간들 각자가 갖고 있는 것들은 의외로 '많다.' 모두가 빈곤을 부르짖고 한결같이 '쓸쓸함'에 노출된 삶의 모습을 인용할 여력은 넘쳐나더라도 지금 당장 사랑으로 모든 걸 맞바꿀 절명의 용자勇者는 턱없이 부족하다.

'목숨'을 버릴 바엔 '사람'과 '사랑'을 버리는 길로 삶의 대안을 내세움도 이제는 분노할 일이 아니다. 오죽하면 자동차

뽑듯 여자를 바꾸고 티슈를 빼 쓰듯 모바일 폰을 바꾸는 세상일까. 쌓이는 마일리지에 마음이 쏠려 이제는 조금이라도 더 준다는 포인트의 기미幾微만으로도 물건을 바꾸고 지조를 파는 삶이다. 이런 마당에 덤불 묻은 옷 털듯 어쩌자고 사랑 하나로 미련 없이 떠날 이승이겠으며 이루지 못할 인연 하나 완성하자며 홀연히 버릴 주변이겠는가 말이다.

가볍고 기약 없으며 덧없는 나날까진 그만 두더라도 인연의 속내라는 게 무슨 케케묵은 종교적 장식에 지나지 않을 세태 아래서 정사의 아련함을 되뇐다는 건 언어의 유희요, 추억의 조롱일 뿐이다. 게다가 나라마저 빈곤하여 몰려드는 위기에 삶의 긴장과 그 고삐를 더욱 옥죄어야 할 상황이라면 사랑의 번민과 적어도 이성異性 때문에 고뇌하는 존재론적 사투가 자살까지 채근하는 일은 '퇴폐' 그 자체로 몰아붙일 태세였다. 체제가 비민주적일 때 권력의 부패와 타락을 은폐하기 더 없이 좋은 빌미는 바로 민중의 '퇴행'과 '염세'로 버무린 '나약'이니까.

사랑까지 통제할 권력이라면 '하지 못할' 과업은 없을 터였다. 여론의 향방도 주조鑄造와 과장으로 통제할 다스림의 메뉴였고 정사가 국민총화와 단결을 해치리란 발상의 파시즘도 권력의 입장에선 매력적이며 언론으로선 마력의 엔지니어링이었을 것이다. 상징조작과 통치의 프로젝트 안에 교묘히 개입할 여지란 생각보다 넓고 기대 이상으로 파고들 깊이마저 마련될 소지는 그래서 적어도 미리 염려할 항목이 아니었다.

그렇다면 정사는 '다스림'의 전략적 배제 대상이자 세태 변화나 자연쇠퇴에 따른 사회적 메뉴로 변모하고 있었던 터다. 사랑 밖에서 사랑할 대상을 찾는(을) 일이 흐르고 넘쳐나는 세상에 사랑과 운명을 동일시하는 건 극단의 '비효율'이자 무모의 극치일 따름이다. 자살의 도미노는 간헐적으로 횡행할망정 정사의 확산을 재촉할 드라마틱한 사건이나 이를 매개할 사단은 발생할 가망이 드문 나날이 세기의 또 다른 전환기였다고 보면 세태의 묘사는 성글기만 할까.

천정환은 몇 발짝 더 나아가 특정 년도에 발생한 특별한 사단으로 정사를 인식한다. 그리고 그 역사의 순환이 마치 의도치 않았던 사회적 행위의 결과인 양 이해한다. 그 역시 정사 발생의 근거와 이행을 신문에서 구하기론 마찬가지다. 그는 특히 '1923년'과 '1963년'이란 천문학적 시점과 정확히 40년 간의 우연한 편차와 순환에 주목한다. 하기야 세상 그 누가 그걸 미리 기획했겠으며 그토록 기원했겠는가마는 이를 그저 단순한 반복이나 윤회로만 받아들기엔 각기의 사연들 또한 간단치 않다.

유흥업 종사자와 유부남의 정사 미수를 포함, 기혼 남성과 미혼 여성의 동반자살은 흔했고 신여성의 정사 시도는 모던 비해비어behavior의 표징인 양 유행한다. 사랑과 열정의 과잉이 미성년의 정념을 불태우며 급기야 죽음으로 몰거나 강점기 유명인들의 정사가 문학과 언론의 촉수를 피해가기 어려웠던 점도 엄연한 사실이다.[6] 그런가 하면 유부녀와 대학생, 유부남과 바걸의 정사에 이어 중년 남성과 6촌 처제의 동반음독(여성만 사망), 고위 세무공무원과 임신 5개월의 정부, 육군 장교와 애인, 현직 검사와 다방 마담 등 1970년대 초까지 정사가 시대의 유행처럼 줄을 잇는 현상[7]에 주목하게 된다.

그러나 그는 유신정권 출범에 즈음하여 정사는 사라진다고 단언한다. 그리고 이제는 대과거 시제를 적용해야 할 회고와 반추의 대상쯤으로 이해한다. 소멸과 위축의 구조적 배경으로 밀물 같은 신자유주의적 세태와 그에 조응하는 사람들의 변화를 물론 빼놓지 않고 말이다.

> '정사'는 바로 이즈막 '유신'을 전후한 때부터 사라지기 시작했다. 신문은 자율 결의를 통해 사회의 음울한 분위기를 조장하는 '정사' 같은 단어를 쓰지 않기로 한 적도 있다. 물론 정사 사건

도 이어졌고 정사라는 단어도 가끔 신문에서 쓰이기는 했으나 이전에 비할 바는 아니었다. 신문 보도의 초점도 정사를 강요하거나, 정사를 가장하여 변심한 애인을 살해하거나, 정사에 실패하여 한쪽만 목숨을 잃는, 어쩌면 정사보다 훨씬 비극적인 사건들에 옮아갔다. … 이런 맥락하에서 정사라는 자살의 형태는 점점 줄어들었던 것으로 보인다. 오늘날의 정황도 드라마틱하다. 많은 원인이 여기에 관련될 것이다. '사랑'으로 말하면 '열정적 사랑'이 '스펙' 같은 '조건'에 의해 대체되고 있는 상황이 일단 중요하겠다. '후기 근대'의 정황과 심화된 신자유주의가 '나'와 타자 사이의 거리와 경계를 다르게 하고 있다. '나'가 이렇게 '사랑'보다 중요했던 시대가 또 있었을까? 이제 연애는 비장하게 덤빌 일이 아닌 것이다. 오늘날 '쿨cool'의 사회문화가 연인들을 지배하고 있기 때문이다. 나의 대상은 물론 '유일무이'한 사랑이 아니다. 나에게도 그(녀)에게도 그(녀)는 많은 그(녀)들 중 하나다. '사랑'은 어쩌면 프로젝트이기는커녕 소비행동의 하나일지도 모른다. 오늘날 우리 문화는 여러 상품 중에 마음에 드는 것 하나를 일단 찍고, 그것에 관한 많은 정보를 수집하여 다시 다른 것과 비교하여 고르는 패턴을 갖고 있지 않은가? '사랑의 운명'(또는 '운명적 사랑')을 믿지 않는데 어떻게 열정적 사랑이 가능하겠는가? … 오늘날에도 여전히 비극적이며 파국에 이르는 치정들이 있다. 하지만 자주 일어나는 '사랑의 비극'은 정사나 실연으로 인한 자살이 아니다. 대신 그것은 주로 스토킹이나 '살해' 같은 공격이다. … 정사는 더 이상 '사랑'에 연관된 표상이 아니다. 정사라는 말 자체가 사어死語 혹은古語가 되다시피 했다. 약 1세기에 걸친 이 역사적 변화는 결국 '친밀성의 구조변동'의 한 적실한 예가 될 듯하다.[8]

그럴까. 1970년대 초에 이르면 정사는 과연 끝날까. 재발 가능성의 여지쯤 열어두는 '그'이지만 정사가 이미 고어 아니면 사어에 준하는 컨셉이라고 받아들일라치면 역사의 예측과 실제는 같아야 할 것이리라. 〈표 3〉에서 보았듯 치정과 실연, 배우자 부정으로 인한 자살變死이 비록 정사의 고전적 요건을 갖추지 않는 이례적 죽음들이라 해도 문제는 고스란히 남는다. 마찬가지 논리로 그들의 죽음이 사랑의 진정성을 담지 않는 모조리 허튼 자살이었다는 주장도 말이 안 될 뿐만 아니라 허무와 고통 혹은 분노의 정서만 반증한다는 증거도 우리에겐 없는 게 사실이다.

만일 오늘에도 고전의 이미지를 방불케 하는, 아니 그와 동일한 행위가 반복된다면 단정적 예측은 바뀌어야 할 것이다. 여전히 비극적이거나 파국에 이르는 치정이 있어도 그것이 정사나 실연으로 인한 자살이 아니라는 진단이 맞으려면 우리의 눈매는 좀 더 치밀하고 과학적이어야 할 것이다. 가령 다음과 같은 경우가 드라마 아닌 역사의 실재實在라면 더더욱 그래야 하지 않겠는가.

2010년 3월 30일, 정오 가까이 서울의 어느 한 곳에선 이런 일이 있었다. 뒤늦게 발견한 죽음의 현장을 당시 언론은 이렇게 압축 보도한다.

> 30일 오전 11시 30분께 서울 K구 B모(47.여)씨의 집에서 B씨와 A모(42)씨가 극약을 마시고 숨져 있는 것을 B씨의 아들(22)이 발견해 경찰에 신고했다. 두 사람은 거실에서 서로 팔짱을 낀 채 나란히 누워 있었으며 유서는 발견되지 않았다. 경찰은 남편과 사별한 B씨와 이혼한 A씨가 최근까지 몇 년 동안 만나왔다는 주변 진술을 토대로 정확한 경위를 조사하고 있다.[9]

함부로 추론할 일은 아니겠으되 필자는 여기서 조심스런 상상과 숨은 그림 찾기에 나선다. 하지만 대체 이것이 '정사'가 아니라면 누구의 어떤 행위가 '그것'이라 말할 수 있을까. 하나만으론 부족하여 수백 수천의 행위가 역사로 쌓이고 거스를 수 없는 대세로 자리해야만 '경향'과 '조류'라 말할 수 있는 거라면 우리가 오늘 이 시대 인문학과 사회과학의 역할까지 변명하려는 건 너무 비겁한 게 아닐까.

하지만 곰곰이 따져보자. 이즈음 이처럼 떠난 이들이 세상 지붕 밑, 이들 뿐이었을까. 그럴까, 과연? 필자는 그 날 그 집에서 왜 그 같은 일이 벌어졌는지 보도된 사실 이상을 알지 못한다. 궁극에 이르러 또 한 쌍의 남녀가 이승을 등졌으되 분명코 그건 정사였다는 외에 더는 무엇도 담보할 능력이 없다. 그들의 죽음을 말리지도 늦추지도 못할 일이었다면 기껏 무기력한 사회과학의 힘을 빌린다 한들 오늘의 현실을 자책할 도리 밖에 더는 다시 무엇도 없으리라.

그러나 그럼에도 불구하고 그 '힘 없음'이란 것이 이 땅에서 적어도 무슨 일이 일어나고 있는지 가늠하려는 작업마저 마다할 까닭이 되지 않는다면 우리는 저들 현상 앞에서 보다 진지하고 성실해야 하지 않을까. 뿐만 아니라 사랑 하나 때문에 지상에서 서둘러 이륙하려는 두 사람의 존재조차 눈길 두지 못할 정치학이라면 그 같은 도구쯤이야 기꺼이 그에 걸맞게 수리해야 할 것이리라.

학문의 이름을 빌려, 아니 그 핑계에 얹혀 '과학'과 '논리'로 현실의 집적물과 일정한 거리를 두는 일은 차라리 편할 터이다. 있는 그대로의 진실을 대면한다는 건 그 자체만으로도 참담하기 때문이다. 그것도 누구와 무언가 함부로 견주기조차 힘겹고 엄혹한 '마주침'을 의식해야 할 경우란 더더욱 그렇다. 없는 듯 있고 있어도 보이지 않는 존재의 미약함이란 어느덧 기시감déjà vu조차 지워 없애려 든다.

거기다 분명코 한때 있었으나 이젠 없어지고 있다는 사실은 한 때 '그랬다'는 기억조차 잊게 만드는 효과마저 자극한다. 그렇게 다시 익숙해지는 인식의 적응과 무화無化의 양면성은 가시적 존재감으로 '있고 없음' 을 가르려는 감각계의 속성을 여지없이 반영한다. 그러나 보이지 않는다고 어찌 '그것'이 없겠으며 줄어들거나 사라진다 하여 그것이 어디 곧 '존재하지 않음'을 증명하는 절대 단서가 될까.

기실, 정사는 묽어지거나 잦아들고 있다. 희소한 만큼 희한하지만 그렇다고 소멸하거나 사멸하진 않고 있다. 이따금 반복하기에 사람들은 사라진 줄 알며 헛갈려 할 뿐이다. 하지만 엄연한 현실이자 지속되는 도저한 역사役事가 정사임은 부인할 길이 없다. 되레 사랑의 몰沒역사성을 새삼 자각할 일이고 보면 그것은 어느 한때 풍미하다 만 격정의 유행이나 열병 같은 사회문화 현상도 아닌 정녕 글로벌리즘globalism의 보편성이 있는 것인지 역시 따져보아야 하리라.

40년 주기의 '재발'과 '확장'에 담긴 구조적 원인을 밝히지 못한다면 그건 곧 '종결'과 '소멸'의 결정적 배경이 되지 아니함도 분명히 해둘 일이다. 아울러 따져볼 것은 언론에 보도되지 않거나 신고 · 접수하지도 않은 '누락'과 '배제'에 관한 건들이다. 이에 관한 처리야 물론 막연하기 이를 데 없지만 '드러난 현실'만이 사실의 전부는 아니라는 점을 인식하는 건 아무리 강조해도 지나치지 않다. 보기에 따라 정사의 '완벽성'이란 존재의 밀폐와 사라짐조차 은폐하려는 자기 종결성으로 마무리될지 모른다. 그렇다면 '보도'와 '수사'는 이미 그것만으로도 정사의 순수성을 훼손하는 '죽음의 사회화' 과정과 그 인과론의 전망을 의식하게 만드는 일일 것이다. 세상에 알려져 그나마 후련하고 홀가분하기보다 그로 인하여 온갖 곡해와 비난 혹은 폄훼가 난무할 때 그마저 방어하려는 심리가 우선했을지 여부는 결국 떠난 자와 그 곁을 함께 한 당사자 모두의 몫이었을 것이다.

지나친 현시성과 남성들의 정치적 기획력이 돋보인 일방一方의 행위였지만 조선조 '열녀'들의 감동적 열행을 근대 정사의 원형으로 본 필자는 역사적 과거에 담긴 사랑의 정념과 그 세포분열의 정서적 생화학 반응을 적극 이해하며 글쓰기에 나섰다. 자살마저 가문의 영광을 키우는 항목으로 이해하거나 지아비가 쌓은 명성과 권위를 더하는 행위로 인식한 조선 여성들의 명분 과잉은 죽음이 자기 학대 도구가 아니라 건설적 부정否定과 생산적 폐기행위임을 일깨우려는 무리수를 낳는다.

그것이 과연 사랑이었을까. 이는 그 자체만으로도 일거一擧에 부정과 비난의 대상이 되거나 기껏 검출해 봤자 극소량 연정으론 목숨 건 사랑의 질량을 충족시키지 않는다는 면박쯤 각오해야 할 일이다. 시나브로 팍팍한 인문학의 명분 타령과 죽음의 핑계를 타자지향적으로 설정하는 역사학 일반의 고집도 엄중하다. 여전히. 고스란히.

이제는 사라졌다 강변해도 정사는 어김없듯, 열녀의 무모한 죽음과 그에 준하는 실천의 감행도 하지만 일말의 사랑 없인 결단코 저지르지 못할 처사였다. 같이 죽고, 따라 죽고, 나중에라도 한사코 결행하는 죽음의 행렬은 처연하기 그지없었다. 그렇게 떠난 이들 모두가 어쩔 수 없이 의식한 타인의 시선들이었다 해도 미어지는 가슴일랑 그들 자신의 '몫'이었고 가없이 흐르는 통한의 눈물도 전부 저들의 '것'이었다.

이즈음 고즈넉이 생각해 보자. 지아비의 병 고치려 제 손가락 베어 흐르는 핏방울로 행여 나을까 님의 입 적시고 그래도 차도差度 있으시려나 기꺼이 넓적다리 살 베어 가마솥에 넣는 며느리의 심경이란 게 단지, 오로지 이웃의 눈과 가문의 전통 하나로 동원한 생색내기 희생이기만 하였던 걸까.

중세의 사랑 따로 있고 전前근대의 정념이란 게 근대의 그것과 아예 원형질을 달리 한다는 증거라도 확연하다면 할 말은 없을 것이다. 게다가 오늘의 사랑이 형질뿐 아니라 속내마저 달라 정사도 눈 씻고 찾아야 할 희귀한 현상이 되었다고 새로운 이론의 뼈대까지 세울라 치면 변명의 여지는 넓을 것이다. 하지만 감정의 표현 기제와 사회적 경로는 달리했을망정 느끼고 사랑하는 주체가 같은 사람이었을진대 죽음 앞에 처연한 모습의 비교란 구태여 차이를 둘 일이 아니었다.

강점기 정사만 해도 그랬다. '정사'가 온전히 우리의 '것'이 아니었다 한들 그게 도무지 왜 문제였을까. 식민의 시대가 주는 주눅과 부끄러움으로 온몸에 게딱지처럼 들러붙은 정치적 면구面垢함이 설령 철갑 같았다 해도 그건 너무하지 않을까. 정사마저 제국의 '것'이었기에 사랑으로 죽는 일조차 행여 친일행각이 아닐까 되돌아보는 따위의 과업은 사랑조차 마음대로 못할 지경으로 민족을 내몰며 전근대 잔재로 치 떠는 식민지 시민들마저 감정의 회색지대 안에 오롯이 밀어넣어 버린다. 그것이 얼마나 잔인하며 가혹한 학대일까 돌아보지도 않은 채.

그래도 이제 와 의연히 떠난 이들을 기리려 함은 허튼 칭송도 하릴없는 부러움도 아님을 분명히 하자. 게다가 그처럼 '떠남'이 오늘 보랏빛 선연함으로 순간 뚜렷해지는 건 또 뭔지 사연의 앞뒤도 다시 새겨볼 일이다. 혹시라도 얼굴을 달리한 시대와의 투쟁이나 도발을 의식한 무슨 대단한 정치성을 띠는 건 아니었다 해도 그것이 비록 쉬이 저지르지 못할 행위의 아연함과 지난한 통증을 수반하는 일들이었다면 유난히 슬퍼 보이는 저들의 혐의마저 앞서 떠난 자에게 묻지는 말자. 슬픈 시대에 슬프게 떠난 이들은 이제 와 어차피 더 슬피sadly 보이는 법이니까.

가감 없는 실체였는지, 아니면 식민의 시대를 관통하려는 총독부의 효율적 음모였는지 함께 헤아려야 할 대상은 그나마 당대 자살통계 지표의 증감이 오늘 우리에게 무엇으로 되살아나는지 확인하는 일이다. 그리고 한 번 더 묻자. 강점기 자살의 현저한 증가세와 정사의 잠정적 비례 혹은 지탱과 잠행의 속내란 대체 무엇이었을 것인지. 붉은 꽃잎 자지러지도록 선연한 때는 왜 하필 연두에 초록까지 흐드러진 한여름 숲속이어야만 하는지.

자유와 평등의 새날이 밝자 어쩌자고 정사의 빗줄기는 가늘어졌는지, 대관절 그 까닭의 깊은 속살은 옷섶 사이 어디에 숨어 있는지 더 헤집어보자. 이녁도 잘 알 듯 자살은 눈부시도록 늘어나건만 들불처럼 번지던 정사는 왜 거짓처럼 잦아드는지, 둘 사이 간극일랑 이제 다시는 마주할 낌새조차 사라지는 것인지 그것도 헤아리도록 하자.

그 정도 순수도 통하지 않고 그만큼의 열정도 받아줄 세상 아닌 데가 '여기'라면 이제 공동체는 허물이며 국가는 껍데기다. 그 많던 열녀와 정사자들은 다 어디로 갔단 말인가. 세상 둘도 없던 가인佳人과 흐느낌조차 억누르며 사라진 정인情人의 혼백들은 지금 하늘 채 어디쯤 헤매는 중일까. 먼저 가 기다리겠다며 약조야 없었을지라도 이제 그만치 더는 뒤따르지 않을 주검들이라면 앞선 외로움 달랠 길도 서둘러 쓸쓸하였던 저들 차지다.

정사의 단행이 사랑의 이름으로 치르는 과격한 급진주의라 꾸미는 일도 자꾸 재촉하지는 말자. 아무리 매캐하게 쏘아대는 불꽃놀인들 그런다고 한날한시 깨어날 '님'들도 아니며 가신 이들 부러워 이내 떠나겠다고 채비할 생사람들도 구름처럼 몰려들리 만무이니까. 살아서 제 힘으로 떠나려는 생떼 같은 그 일이 어찌 '그냥 사람'으로 치를 '축제'겠는가 말이다.

오해는 말자. 이제 와 혹시라도 정사의 미학을 계몽하려는 건 결코 아님을. 바닷가 절벽 어느 지점, 죽기를 작정하며 나타난 두 사람 등 떠밀려고 예까지 헤쳐온 건 정녕 아니었음을 말이다. 행여 다시 누군가 죽음의 시치미 잡아떼려 들 때 온전히 기억할 여력 남는다면 마저 새겨두기로 하자. 죽기는 따로 죽겠으되 저지르긴 함께 저지르는 정사란 지상 최대의 화사한 혁명이자 들끓는 소통의 정치임을. 그것은 지독한 순정의 반어 아니면 이승 끝자락에서 아련한 절망의 형식으로 빛나는 사정없이 검푸른 별똥별 꼬리임을.

그러나 정사情死 드문 세상

| 05_주 |

1_ http://www.index.go.kr/egams/stts/jsp/potal/stts/PO_STTS_IdxMain.jsp?idx_cd=1012&idx_kornm=사망원인별%20사망률%20

2_ 이와 관련한 압축 분석으로는 다음 참조. 신성원, "우리나라의 자살실태 분석," 한국콘텐츠학회(편), 『한국콘텐츠학회 2007 추계 종합학술대회 논문집』 제5권 제2호(上), (2007. 11), pp. 310-314.

3_ 《동아일보》 10/06/02 ; "작년 자살 18.8% 증가, 1만 4000명 넘어 : 최근 5년 새 최다 · 20세 이하도 450여 명," http://news.donga.com/Society/3/03/20100602/

28787618 /1&top=1

4_ 《중부매일》 10/09/10 ; 박상준 기자, "충북 가슴 아픈 '전국 사망률 1위' 10만 명당 476명 · 서울 최하위 · 자살은 충남이 제일 높아," http://www.jbnews.com/news/articleView.html?idxno=309711

5_ 굳이 분류를 의식하자면 이는 대 · 중 · 소의 부피를 미리 전제하거나 어느 한 부류에 포함시킬 대상으로가 아니라 '퇴화'와 '사멸' 대상으로 처리하려 한 당연한 결과였을 것이다. 아니면 기왕에 나눠버린 어느 한 섹터에 자연스레 혹은 강제로 묻어야 할 항목이라고 인식했는지 모를 일이다.

6_ 천정환, "정사情死, 사라진 동반자살," 『내일을 여는 역사』 제41집(2010), pp. 232-239.

7_ 윗글, pp. 241-247.

8_ 윗글, pp. 248-251, *passim*.

9_ 《동아일보》 10/03/30 ; "광진구서 40대 남녀 숨진 채 발견," http://news.donga.com/3/all/20100330/27237759/1

사랑하다 죽다

Appendix

업힌 자료들

실록자료

『조선왕조실록』 태종 12(1412)년 12월 11(壬戌)일 · 「태백산사고본」 영인본 1책 657면.

『조선왕조실록』 성종 5(1474)년 11월 21(壬申)일 · 「태백산사고본」 영인본 9책 167면.

『조선왕조실록』 성종 23(1492)년 1월 6(丁丑)일 · 「태백산사고본」 영인본 12책 130면.

『조선왕조실록』 효종 5(1654)년 9월 18(甲辰)일 · 「태백산사고본」 영인본 35책 687면.

『조선왕조실록』 현종 12(1671)년 1월 22(甲戌)일 · 「태백산사고본」 영인본 36책 686면.

단행본

Fromm, Erich. *The Art of Loving*(New York : Harper & Row, 1956).

Reck, Rima Drell. *Drieu La Rochelle and the Picture Gallery Novel : French Modernism in the Interwar Years*(Baton Rouge, Louisiana : Louisiana State University Press, 1990).

Silverberg, Miriam. *Erotic Grotesque Nonsense : The Mass Cul-*

ture of Japanese Modern Times(Berkeley, CA.: University of California Press, 2009).
山名正太郎. 『日本自殺情死紀』(東京：大同館書店, 1928[昭和 3]).

강명관. 『열녀의 탄생 : 가부장제와 조선 여성의 잔혹한 역사』(서울 : 돌베개, 2010).
강성원. 『그림으로 보는 한국 여성미학의 사회사 : 강성원 평론집』(서울 : 사계절, 1998).
강성원. 『시선의 정치 : 한국 미술이론을 위하여』(서울 : 시지락, 2004).
권보드래. 『연애의 시대 : 1920년대 초반의 문화와 유행』(서울 : 현실문화연구, 2003).
김만중. 『조선을 뒤흔든 성 스캔들』(서울 : 거송미디어, 2004).
김미현 엮음. 『연애소설宴哀疎說』(서울 : 이화여자대학교출판부 · 글빛, 2004).
김사과. 『풀이 눕는다』(파주 : 문학동네, 2009).
김수진. 『신여성, 근대의 과잉 : 식민지 조선의 신여성 담론과 젠더정치, 1920-1934』(서울 : 소명출판, 2009).
김승희. 『남자들은 모른다 : 여성 · 여성성 · 여성문학』(서울 : 마음산책, 2001).

김우진. 『金祐鎭全集 1 · 2』(서울 : 전예원, 1983).
김정자(외). 『몸의 역사와 문학』(서울 : 태학사, 2002).
로셸, 드리외 라. 지음 · 정명환/이평우 옮김. 『우리들의 일그러진 청춘』(서울 : 중앙일보사, 1982).
박형민. 『자살, 차악의 선택 : 자살의 성찰성과 소통 지향성』(서울 : 이학사, 2010).
서지영. 『역사에 사랑을 묻다 : 한국 문화와 사랑의 계보학』(서울 : 이숲, 2011).
성균관대학교 동아시아 유교문화권 교육 · 연구단(편). 『동아시아와 근대, 여성의 발견』(서울 : 청어람미디어, 2004).
소래섭. 『불온한 경성은 명랑하라 : 식민지 조선을 파고든 근대적 감정의 탄생』(파주 : 웅진지식하우스, 2011).
소래섭. 『에로 그로 넌센스 : 근대적 자극의 탄생』(파주 : 살림, 2005).
아메리, 장 지음 · 김희상 옮김. 『자유죽음 : 삶의 존엄과 자살의 선택에 대하여』(서울 : 산책자, 2010).
연구공간 수유+너머 근대매체연구팀. 『신여성 : 매체로 본 근대 여성 풍속사』(서울 : 한겨레신문사, 2005).
오재호. 『사의 찬미 : 윤심덕』(서울 : 명서원, 1978).
윤진현. 『조선 시민극의 구상과 탈계몽의 미학 : 수산 김우진의 생애와 문학』(파주 : 창비, 2010).

이경훈. 『오빠의 탄생 : 한국근대문학의 풍속사』(서울 : 문학과지성사, 2004).
이광수. 『이광수 전집 13』(서울 : 삼중당, 1962)
이수광. 『조선 여인의 향기 : 스물여섯 가지 향기를 간직한 사랑이야기』(서울 : 미루북스, 2011).
이수광. 『그리워하다 죽으리 : 조선을 울린 위대한 사랑』(서울 : 창해, 2011).
이수광. 『조선을 뒤흔든 16가지 연애사건 : 신분과 사회를 뛰어넘은 조선 최대의 스캔들』(서울 : 다산초당, 2007).
이수영. 『섹슈얼리티와 광기 : 한국 근대문학과 앎의 의지』(서울 : 그린비, 2008).
이신조. 『29세 라운지』(서울 : 뿔, 2011).
이영아. 『육체의 탄생』(서울 : 민음사, 2008).
이은경. 『수산 김우진 연구』(서울 : 월인, 2004).
이재복. 『몸 : 이재복 문학평론집』(서울 : 하늘연못, 2002).
이재복. 『한국문학과 몸의 시학』(서울 : 태학사, 2004).
이철. 『경성을 뒤흔든 11가지 연애사건』(서을 : 다산초당, 2008).
장유정. 『다방과 카페, 모던 보이의 아지트』(파주 : 살림, 2008).
전봉관. 『경성기담 : 근대 조선을 뒤흔든 살인 사건과 스캔들』

(파주 : 살림, 2006).

전봉관. 『경성 자살 클럽』(파주 : 살림, 2008).

정성희. 『조선의 성 풍속』(서울 : 가람기획, 1998).

조두진. 『능소화凌霄花 : 4백 년 전에 부친 편지』(서울 : 위즈덤하우스, 2007).

최성실. 『육체, 비평의 주사위 : 최성실 비평집』(서울 : 문학과지성사, 2003).

클레람보, 가에탕 가티앙 드. 지음 · 강응섭 옮김. 『여성의 에로틱한 열정과 페티시즘 : 클레람보와 라캉의 직물과 정신분석』(서울 : 숲, 2003).

태혜숙(외). 『한국의 식민지 근대와 여성공간』(서울 : 여이연, 2004).

논문

Echelbarger, David. "Spirituality and Suicide," in Kenneth J. Doka and John D. Morgan, eds., *Death and Spirituality* (Amityville, NY.: Baywood Publishing Co., 1993), pp. 217- 225.

강명관. "조선 가부장제의 성적 욕망과 기녀," 부산대 인문학연구소(편), 『코기토(Cogito)』 제62호(2007), pp. 7-40.

강명관. "조선시대의 성담론과 性," 한국한문학회(편), 『한국한문학연구』 제42집(2008), pp. 9-43.

강은정. "연령 계층별 자살생각과 관련된 요인," 한국보건사회연구원(편), 『보건복지포럼』 통권 제107호(2005), pp. 81-86.

고지현. "유행개념으로 바라본 식민지 조선의 근대성," 성균관대학교 동아시아학술원 대동문화연구원(편), 『대동문화연구』 제71호(2010), pp. 365-396.

권보드래. "연애의 형성과 독서," 역사문제연구소(편), 『역사문제연구』 제7호(2001), pp. 101-130.

김경일. "식민지 시기 신여성의 미국 체험과 문화 수용 : 김마리아, 박인덕, 허정숙을 중심으로," 이화여자대학교 한국문화연구원(편), 『한국문화연구』 제11집(2006), pp. 45-91.

김기란. "대한제국기 '극장국가(theater state)' 연구(1)," 한국문학언어학회(편), 『어문논총』 제51호(2009), pp. 399-432

김기란. "대한제국기 '극장국가(theater state)' 연구(2)," 한국연극학회(편), 『한국연극학』 제40호(2010), pp. 125-162.

김만수. "한국 근대극의 형식과 내용," 민족문학사학회(편), 『민족문학사연구』 제42호(2010), pp. 522-528.

김부연. "사망원인 통계의 발전 방향에 관한 연구," 통계청(편), 『통계분석연구』 제4권 2호(1999년 가을), pp. 1-30.

김부연. "한국인의 사망원인 구조 변동추이," 통계청(편), 『통계연구』 제10권 2호(2005), pp. 1-26.

김주리. "식민지 시대 소설 속 온천 휴양지의 공간 표상," 서울대학교규장각 한국학연구원(편), 『한국문화』 제40집(2007), pp. 127-155.

김학균. "1920년대 장편소설의 여성 초점화와 근대적 주체 : 〈환희〉 〈재생〉 〈이심〉을 중심으로," 한국문학연구학회(편), 『현대문학의 연구』 제42호(2010), pp. 311-333.

김형수 · 황춘규. "한국사회의 동반자살에 관한 연구 : 신문기사를 중심으로," 전남대학교 지역개발연구소(편), 『지역개발연구』 제38집 1호(2006), pp. 29-50.

노동은. "식민지 근대화와 신여성 최초의 여가수 윤심덕 : 허무주의의 비가," 역사비평사(편), 『역사비평』 통권 19호(1992년 여름호), pp. 245-249.

노현미. "近松의 삼대 간통극 일고찰 : 주인공의 의지를 중심으로," 한국일본어교육학회(편), 『일본어교육』 제37집(2006), pp. 193-214.

문정희. "나혜석 회화창작에 나타난 근대적 자아," 이화여자대학교 한국문화연구원(편), 『한국문화연구』 제11집 (2006), pp. 199-243.

박경애. "한·일 사망원인별 사망력(死亡歷) 비교," 한국인구학회(편), 『한국인구학』 제22권 제1호(1999), pp. 37-63.

박상민. "문학연구방법으로서의 '악의 상징'," 대중서사학회(편), 『대중서사연구』 제15호(2006), pp. 199-228.

박숙자. "비감한 욕망, 불륜의 형식," 한국여성연구소(편), 『여성과 사회』 제12호(2001), pp. 104-118.

서지영. "근대적 사랑의 이면 : '情死'를 중심으로," 서울대학교 규장각 한국학연구원(편), 『한국문화』 제49호(2010), pp. 297-319.

서지영. "식민지 근대 유흥 풍속과 여성 섹슈얼리티," 한국사회사학회(편), 『사회와 역사』 제65호(2004), pp. 132-168.

서지영. "식민지 시대 카페 여급 연구 : 여급 잡지『女聲』을 중심으로," 한국여성학회(편), 『한국여성학』 제19권 3호 (2003), pp. 31-73.

서지영. "식민지 조선의 모던걸," 한국여성학회(편), 『한국여성학』 제22집 3호(2006), pp. 199 -228.

서지영. "카페, 근대 유흥 공간과 문학," 한국여성문학학회(편), 『여성문학연구』 제14호(2005), pp. 65-88.

손현균 · 김이영 · 안동현. “한국의 동반자살,” 한양대학교 정신건강연구소(편), 『정신건강연구』 제16호(1997), pp. 181-193.

신동준. “살인과 자살의 문화적 · 사회구조적 원인 : 머튼의 아노미 이론 검증을 위한 국가간 비교 연구,” 한국사회학회(편), 『한국사회학』 제38집 제4호(2004), pp. 33-71.

신성원. “우리나라의 자살 실태 분석,” 한국콘텐츠학회(편), 『한국콘텐츠학회 2007 추계 종합학술대회 논문집』 제5권 제2호(上), (2007. 11), pp. 310-314.

신지연. “1920-30년대 ‘동성(연)애’ 관련 기사의 수사적 맥락,” 고려대학교 민족문화연구원(편), 『민족문화연구』 제45집(2006), pp. 265-292.

안남연. “한일 불륜소설 연구,” 한국현대문예비평학회(편), 『한국문예비평연구』 제19집(2006), pp. 181-200.

양문규. “1910년대 이광수와 나혜석 문학의 대비적 고찰,” 민족문학사학회(편), 『민족문학사 연구』 제43호(2010), pp. 222-243.

오진경 · 조영태 · 김창엽. “2000년 우리나라 성인 자살자의 인구 사회적 특성,” 한국보건사회학회(편), 『보건과 사회과학』 제18집(2005), pp. 191-210.

우정미. “한일 신여성의 연애관 연구,” 한국일본어교육학회

(편), 『일본어교육』 제37집(2006), pp. 261-283.

유경원 · 노용환. "국가별 패널자료를 이용한 자살률 결정요인 분석," 한국경제연구학회(편), 『한국경제연구』 제18권(2007), pp. 59-78.

은기수. "경제적 양극화와 자살의 상관성 : 1997년 외환위기를 전후하여," 한국인구학회(편), 『한국인구학』 제28권 제2호(2005), pp. 97-129.

이동진. "불륜관계의 상대방에 대한 遺贈과 公序良俗," 한국비교사법학회(편), 『비교사법』 제13집 4호(2006), pp. 1-40.

이선미. "1950년대 젠더 인식의 보수화 과정과 '왈순아지매' : 『女苑』 만화의 여성 캐릭터를 중심으로," 한국여성문학학회(편), 『여성문학연구』 제21집(2009), pp. 161-201.

임정연. "연애 불능에 관한 역설 : 나르시시즘에서 타자성으로 - 한국문학의 연애담론에 관한 시론," 이화어문학회(편), 『이화어문논집』 제26집(2008), pp. 5-26.

장석만. "한국의 두드러진 자살 풍경 : 한국 노인의 자살," 철학문화연구소(편), 『철학과 현실』 통권 제82호(2009년 가을호), pp. 79-95.

장용경. "식민지기 本夫殺害 사건과 '여성주체'," 문화사학회(편), 『역사와 문화』 제13집(2007), pp. 105-125.

정승민. "동반자살에 관한 연구," 한국공안행정학회(편), 『한국공안행정학회보』 제18호(2004), pp. 415-454.

정해은. "조선후기 이혼의 실상과 「대명률」의 적용," 한국역사연구회(편), 『역사와 현실』 제75호(2010.3), pp. 93-125.

조형래. "신소설의 여성과 공간," 한국어문학연구학회(구 동악어문학회)(편), 『한국어문학연구(구 동악어문논집)』 제49집(2007), pp. 179-205.

진재교. "조선조 후기 문예공간에서 성적 욕망의 빛과 그늘 : 예교, 금기와 위반의 拮抗과 그 변증법," 한국한문학회(편), 『한국한문학연구』 제42집(2008), pp. 87-126.

천정환. "관음증과 재현의 윤리 : 식민지 조선에서의 '근대적 시각'의 성립에 관한 일 고찰," 한국사회사학회(편), 『사회와 역사』 제81집(2009), pp. 37-68.

천정환. "자살과 자기계발 사이에서," 『내일을 여는 역사』 제37호(2009), pp. 222-241.

천정환. "정사情死, 사라진 동반자살," 『내일을 여는 역사』 제41호(2010), pp. 230-253.

최기숙. "'여성 원귀'의 환상적 서사화 방식을 통해 본 하위주체의 타자화 과정과 문화적 위치 : 고전 소설에 나타난 '자살'과 '원귀' 서사의 통계 분석을 바탕으로," 한국고소설학회(편), 『고소설연구』 제22집(2006), pp. 325-355.

키누, 가와세(川瀨絹). "김우진과 윤심덕의 죽음 : 당시 일본의 자살관으로 본 새로운 측면(金祐鎭と尹心悳の死 : 當時の日本における自殺から見た新たな側面)," 경상대학교 일본문화연구소(편), 『일본학보』 제4집(1997), pp. 127-174.

키누, 가와세(川瀨絹). "윤심덕 '情死' 攷," 한국연극학회(편), 『한국연극학』 제11집(1998), pp. 375-395.

홍창수. "김우진 작가 의식과 죽음에 관한 연구," 『한국근대문학연구』 제1권 제2호(2000), pp. 10-47.

홍창수. "전후 세대 애정 소재 희곡의 반윤리성에 관한 연구," 한국연극학회(편), 『한국연극학』 제10집(1998), pp. 47-69.

학위논문

김부연. "한국인 자살 양상의 시계열 경향 분석 : 경찰청 자살 통계(1964-1995년)를 중심으로," 고려대학교 교육대학원 간호교육전공 석사학위논문(1997).

박은정. "1920년대 《동아일보》에 나타난 조선인 자살의 실태," 한국교원대학교 대학원 석사학위논문(역사교육전공)(2007).

신영미. "한국 근대소설에 나타난 자살과 낭만성의 관련양상

연구," 인하대학교 대학원 국어국문학과 박사학위논문 (2009).

이미연. "해방기 소설에 나타난 친일문제 대응양상연구," 세종대학교 대학원 국어국문학과 석사학위논문(2011).

임종필. "통계청과 경찰청의 자살사망통계에서 나타나는 차이에 대한 연구," 서울대학교 보건대학원 석사학위논문 (2006).

통계자료

「경찰통계연보」

「사망원인통계」

영화

Leconte, Patrice. *The Hairdresser's Wife* [「사랑한다면 이들처럼(1992)」(서울 : 키노필름, 2009)].

Malle, Louis. *The Fire Within* [「마지막 선택(1963)」(서울 : 키노필름, 2010)].

김호선. 『사의 찬미』(서울 : 극동스크린, 1991).

안현철. 『윤심덕』(서울 : 한국영화주식회사, 1969).

신문

《동아일보》 10/03/30.

《동아일보》 10/06/02.

《중부매일》 10/09/10.

《한국일보》 09/08/31.

인터넷

http://haamoo.idomin.com/40

http://kosis.kr/abroad/abroad_01List.jsp

http://www.index.go.kr/egams/stts/jsp/potal/stts/PO_STTS_IdxMain.jsp?idx_cd=1012&idx_kornm=사망원인별%20사망률%20

http://navercast.naver.com/contents.nhn?contents_id= 5079

http://news.hankooki.com/lpage/culture/200908/h2009083103024486330.htm

http://news.donga.com/Society/3/03/20100602/28787618/1&top=1

http://www.jbnews.com/news/articleView.html?idxno=309711

http://news.donga.com/3/all/20100330/27237759/1

http://news.kukinews.com/article/print.asp?arcid=0005509088

사랑하다 죽다

Index

찾아보기

[ㄱ]

[ㄹ]

[ㅁ]

[ㅂ]

[ㅅ]

[ㅈ]

[ㅊ]

[ㅋ]

[ㅌ]

박종성
서원대학교 정치행정학과 교수
한양대학교 법정대학 정치외교학과 졸업(정치학학사)
서울대학교 대학원 정치학과 석사과정 졸업(정치학석사)
서울대학교 대학원 정치학과 박사과정 졸업(정치학박사)

저서
혁명이론의 재구성에 관한 연구(1982), 혁명의 이론사(1991), 박헌영론(1992), 정치는 파벌을 낳고 파벌은 정치를 배반한다(1992), 한국의 매춘(1994), 왕조의 정치변동(1995), 권력과 매춘(1996), 강점기 조선의 정치질서(1997), 인맥으로 본 한국정치(1997), 정치와 영화(1999), 한국정치와 정치폭력(2001), 백정과 기생(2003), 포르노는 없다(2003), 문학과 정치(2004), 조선은 법가의 나라였는가(2007), 한국 성인만화의 정치학(2007), 씨네 폴리틱스(2008), 패션과 권력(2010), 한국의 파벌정치(2012).

공(편)저
민주주의와 학교교육(1991), 갑오동학농민혁명의 쟁점(1994), 성 · 권력 · 정치(1995), 한국영화문화(2005).

사랑하다 죽다 **情死의 정치학, 혹은 지독한 순정이나 아련한 절망의 형식**

발행일 초판 1쇄 2012년 2월 20일
지은이 박종성 **펴낸이** 여국동

펴낸곳 도서출판 인간사랑
출판등록 1983. 1. 26. 제일-3호
주소 경기도 고양시 일산동구 백석동 1178-1번지 2층
전화 031)901-8144(대표) | 977-3073(영업부) | 031)907-2003(편집부)
팩스 031)905-5815
전자우편 igsr@naver.com | igsr@yahoo.co.kr
인쇄 인성인쇄 **출력** 현대미디어 **종이** 세원지업사

값 17,000원
ISBN 978-89-7418-049-2 93340